U0025188

天下文化
BELIEVE IN READING

家有青少年之父母生存手冊

看懂孩子省話、衝動、敏感背後的祕密

彭菊仙——著

第三部 親子踹共黃金守則

推薦序

原來，孩子的人生就像結一個網，煮一鍋湯

臉書「媽媽悅讀基地」創辦人／專欄作家　丘美珍

前兩天到一個公園散步。林間穿梭時，偶一抬頭，看到萬里晴空之下、兩樹枝椏之間，有一面好大的、綿密的蛛網。我一時詫異，趨前細看。這兩棵樹距離不近，看似纖弱的蛛網怎能從此端送到彼處，中間竟相隔兩公尺之遙。這時有風吹來，那面蛛網在風中搖曳，柔軟卻強韌，再定睛一看，蛛網的主人正在中心，昂揚而立，守住自己的領土，俾倪那幾隻不幸被網羅的小蟲，想必牠此刻已見獵心喜。

我突然心裡起了一個念頭——那隻超強蜘蛛的父母，應該不曾告訴過牠：「這裡風大又寒冷，你絕對結不了這麼大的網，補不到那些畏寒的蟲。」昆蟲的世界中，每一物種都依著自己的稟賦求生存，見機行事，想必不會有太多親子之間的糾葛和牽絆。

人間的世界卻是不同。

之前曾經跟一個心理醫師聊天。他提到，自己的病人當中，有一些是企業家及企業

家二代，彼此不知道其實他們看的是同一個醫師。也因此，深入與親子二代對話之後，他得到一個結論：「如果，父母能看到自己的孩子青出於藍、超越自己，那就是親子雙方同感滿足的時刻。」

我對於他這個結論，謹記在心。如今自己身為三個青少年的母親，才知道這是不容易的歷程。

大人總是苦口婆心，根據自己的經驗，向孩子指出一條風險最低、成功機會最高的路，從食衣住行、學業、生涯，莫不細心指教。但是，這條所謂「安全」的路，是不是孩子最想經歷的人生，這中間就是親子不斷溝通甚至衝突的過程，而這樣的衝突，最常發生在家有青少年的階段。

同樣身為青少年母親的我，閱讀菊仙這本書時，感覺她既是母親，又是個每天思考的「教養」人類學家。她以家庭做為田野，以孩子做為研究對象，在每日居家的作息中做出假設、經過推理，得到驗證。

因此，讀她的書總是十分過癮。因為她書中的文字，有著縱橫交錯的寫作角度。就垂直的時間軸來說，她細述孩子從小到大的關鍵事件，從中反思孩子成長的脈絡，如此，深深引發其他父母的共鳴；就水平的知識跨度來說，她往往結合心理學、教育理論，綜合科普，從中彙整出深入淺出的教養實務，讓讀者閱讀之後能獲得知識架構，從中有所收穫。

這一次，她研究的對象，是每天在家裡神祕成長的三個青少年。

菊仙說，根據專家研究，孩子在十三至十七歲的階段，像座活火山，不定時噴發，傷及旁人。可憐的父母親，在這階段就如同居住在火山腳下的居民，不時受到火山「正常能量釋放」的驚擾。由此可知，這個階段的親子關係，是如何步步驚心。臉書社團「家有中學生」中，每天都有惶惑不安的父母貼文求解，從孩子的身高、體重、學區、老師，一直到成績、交友、興趣、前途，常有發文引來數百則留言討論，由此可見這是個多麼艱難的教養之地。

即便是資深媽媽如菊仙，也曾經被家裡的青少年孩子氣到出走。她曾經一個人負氣騎上腳踏車，在市區遊蕩逛到深夜一點半，直到氣消了才回家。如此，她每天與家裡青少年交手數百回合的結果，菊仙終於描繪出青少年的真實面貌：

「自認可以獨立，但卻不能負全責；想要自己抉擇，卻又完全無法承擔後果；主張很多，卻又判斷力不足；爭取權利，卻又不甘願盡義務。」

依我來看，這一點不假。究竟這個階段的孩子發生了什麼事？父母親應該如何因應才是王道？

青少年的身心板塊正處於劇烈成長以及整合階段，由於大腦及荷爾蒙兩者都有變動，以致於青少年成為一種既不是小孩也不是大人的特別生物，需要父母親以特別的智慧相待。對父母親而言，最有感的改變是：

・**日常生活，從前鋒變後勤**：以前親子之間，一路由大人衝前鋒主導的狀況；現在變成孩子在前衝刺，父母在後支援。

・**親子溝通，從教練變成旅伴**：以前是爸媽一個口令，孩子一個動作，彷彿教練帶著子弟兵。現在孩子期待的是透過平等的對話，彼此了解，相互尊重。

這兩個看似單純的改變，其實過程並不平靜。主要是因為青少年大腦及內在生理的變化，使得他身不由己，理性臣服於情緒。外在喜怒哀樂都鮮活直接，忘了對大人的禮貌和行事分寸。

針對父母親的焦灼，菊仙以同理幽默的筆觸，在書中提出教戰守則，面面俱到，猶如一本青少年教養維基百科，讓所有「家有青少年」的大人可以參照辦理，讀後不慌不亂，心平氣和。尤其，她提到跟青少年打交道的幾個「眉角」，包括「父母降級、孩子才能升級」，以及「先安孩子的身，才能安孩子的心」，真的都是務實聰明的做法。

另一方面，菊仙特別能同理父母親的心情。書中說到，在孩子的人生中，父母可能會經歷「四主」的修練。孩子在未能獨立之前，父母是「飼主」，供吃供住；孩子在幼年之時，以父母為天地，我們彷彿「神主」；孩子不知人生疾苦，我們循循善誘，形同「教主」；但是到了青春期，孩子年少衝撞，目中無人，我們慘為「苦主」。

還好，這「四主」的修練歷程，會在青少年階段結束後畫下終點。

在書裡，菊仙提到一個關鍵字「人格湯底」，特別引人深思。孩子的秉性，融合過去親子互動的結果，會成為孩子這一生的「人格湯底」。就父母來說，在青少年階段以前，親子互動的親密時光，正是為孩子人生打底的時候，孩子以此為基礎，開始展開他人生的際遇，往裡面增添材料和味道，最終煮成一鍋屬於自己的「人生湯」，餵飽自己，分享別人，造福人群。

因此，尊重孩子是他人生的廚師，在他的人生廚房中，我們只是過客，絕非主人。即使我們手邊握有美味人生的食譜，但如果能放手讓孩子透過不斷探索和嘗試，煮一鍋自己的人生湯，這足以顯示出父母的雅量和智慧。

一般認為，青少年應該在十八歲以後，就從「少年郎」畢業成為成熟理性的大人了。但是，有科學家研究，真正由青少年大腦蛻變為成熟大腦的年紀，其實是二十五歲。難怪美國主要的租車公司安維斯（Avis）規定，二十五歲以上才能租車駕駛，看來他們公司內部有腦科學家加持。

在青少年成長的風暴中，幸好有這本好書相伴。此後，不論是孩子十八歲還是二十五歲，正式結束青春期，在他們變成大人之後，我們關愛的眼神仍舊會陪伴著他們。希望那時候，一起回想起他們的叛逆青春，親子雙方可以笑看過往。所謂的天倫之樂，就是如此吧！

推薦序

勝率只有1％的你，總算開始有贏面

作家／教師　歐陽立中

身為高中老師，你知道什麼時候最讓我焦慮嗎？

答案是：家長日。

因為每到這一天，我們就成為家長的「解憂雜貨店」。問題千篇一律，卻排山倒海而來。課堂上，我們解的是學生學科上的惑；家長日，我們解的是家長親子間的惑。每次家長日，辦公室的同事們，都在看誰最晚結束，代表他身陷家長的包圍，無法脫困。

其實，我很樂於解家長的惑，只是有些問題，關鍵不在「答案」，而在「行動」。舉例來說，家長總是會問，孩子在家老是滑手機，講也講不聽，怎麼辦？

這時我心中就會ＯＳ：「手機是你買給他的、網路也是你給他的，你要我怎麼辦？」當然，做為一個專業的高中教師，有問必答是基本原則。

我會先問家長說：「那你在家會滑手機嗎？」

「當然會呀！」家長回。

我接著說：「這就對啦！如果你要孩子不滑手機，那就得以身作則，放下手機，帶頭閱讀。」

「可是……」接著他們會給我各式理由。

答案我給了，但是行動他們卻遲疑了。

每次家長日結束那刻，我就在想，要是有本寫給家長的青少年教戰手冊，那該有多好？好在，總算給我等到了！

菊仙的《家有青少年之父母生存手冊》，就是家長版的《解憂雜貨店》。既能解憂，還有解方！

你能想像我讀到這本書時的雀躍模樣嗎？

「就是這個！所有家長應該都要人手一本。當媽媽懷孕時，都會有一本媽媽手冊；那麼當孩子成為青少年時，也應該有一本父母手冊啊！」我真心這麼認為。

菊仙本身是三個孩子的媽，孩子紛紛進入青春期，開始用荷爾蒙跟她交戰。有時短兵相接、有時招安降伏，在這一連串交手的過程，菊仙用生動故事、精準類比、具體方法、幽默文字寫了下來。

從此，與青少年對戰，勝率只有1％的我們，總算勝率開始攀升。

首先，**青少年永遠把自己當主角**

菊仙說得好：「他們的世界被巨大而沉重的自我給占得滿滿，壓得緊繃」，所以在你眼裡微不足道的小事，在他們心中都是滔天巨浪。

他們會為一顆青春痘失眠、為髮間分叉而煩心；為不平的事大放厥詞、卻對該做的事無能為力。

他們想像出一群觀眾，正看著他們主演的電影，所以他們離經叛道，為了演出自己的獨一無二。

當你認知到這一點，你就會用更聰明的方式導戲了。菊仙告訴你導戲的原則是：

「讓青少年感覺不到爸媽的存在，爸媽卻始終能看到青少年的存在。」

其次，**修練心靈防身術**

還記得學生時代，我媽會教我功課。但不知怎麼搞得，我常嫌她教的方法差，還不如我自己搞定，最後總是弄到和我媽大吵一架。求我媽的心理陰影面積。

因此，讀到菊仙教孩子功課，卻被孩子轟炸時，彷彿看到過去的自己。

當然，現在知道是那時自己不懂事，讓媽媽受氣。

面對青少年暴雨般的攻勢，菊仙傳授了一套心靈防身術，簡單、易學、實用。像是你可以告訴自己「他不是針對我」，因為青少年看什麼都不順眼，隨時引爆，第一線的你一定是首當其衝。另外，你也採取「五感轉移」，去做自己喜歡的事，轉移感官。畢竟人生精采，別讓青少年占據你生命的全部。

最後，**打掉重練溝通方式**

「你知道嗎？我在家常常唸他，跟他講道理……」

這是我跟家長溝通時，最常聽到的話。

有沒有注意到問題在哪裡？沒錯，就是「唸」。

就像是唐三藏一直對孫悟空碎碎唸那樣，偏偏，青少年根本不吃這套，你唸得累，他聽得煩。

從今天起，你得把溝通方式打掉重練。

菊仙說：「重要的話說一遍就好！」道理其實他們都知道，他們不能接受的是你像跳針的唱盤，反覆播放。所以跟青少年的溝通之道就是：「少，但是更好。」比如開啟靜音模式、多聽少說、長話短說、比手畫腳、只說關鍵字，都能讓青少年覺得你上道、不囉嗦。

再像是用「協商式詢問語氣」，取代「強硬式命令語氣」。也會讓青少年覺得你尊重他，讓他有充分的自主權。別忘了，他是這部青春電影的主角，沒有主角會把命運交在別人手中的。

大家都說：「歐陽老師，你在高中教書，一定很懂得如何跟青少年溝通。」過去，我都會微笑示意。因為說實在，青少年的心思，比微積分還難解，多半時候，我也只是一知半解。但是現在，當我讀完菊仙的書後，恍然大悟。原來，青少年這麼好懂，難的是我們願不願意去懂；懂了之後，願不願意去行動。

與青少年交手，勝率只有1％的我們，總算開始有贏面了。

說穿了，獲勝的心法就是：

不爭勝負，共創雙贏。

齊聲讚譽

上天是公平的，無論貧富貴賤，每個父母陪伴孩子成長的機會統統「只有一次」。本書表面談的是地表最強青少年教養力，實際上有情、有效、有哏地傳授父母教養的N種法寶，讓父母避開狂飆式相處，輕鬆與他們溝通，兩代溝通不卡卡，相親相愛非難事！

——宋怡慧　作家／新北市立丹鳳高中圖書館主任

我在臨床工作上常有一種感慨，診間裡所遇到的每個劍拔弩張的親子關係，在分開細問之下，明明都深愛著彼此，卻因為不適切的溝通與互動方式，讓雙方的關係變質。這本書讓我十分驚豔，書裡有許多話，正是我在治療時會告訴家長的。書中既能清楚描述目前青少年的樣貌，也能同理家長所遇到的處境，亦能給予實際執行的建議，是一本非常實用的親職好書！

——李介文　臨床心理師

很開心菊仙又有新作問世，我是她多年的忠實讀者呢！感謝菊仙總是不藏私，分享教養孩子的想法與經驗，令人受益良多。面對家中兩個青少年，本書更是及時雨，讓我更了解青少年生理和心理的狀態，也更知道如何與之相處互動。自己從此書得著諸多教養的正能量，一定要分享給大家，願大家都能更理解與同理青少年，陪伴家中青少年安穩走過生命中此一重要成長階段。

——李貞慧　親職作家暨繪本閱讀推廣人

菊仙在教養上總是有獨到見解，文筆流暢又幽默。記得之前她的新書分享會，我家小熊哥也去聽，馬上愛上菊仙家三兄弟的趣事，回家後一口氣把書讀完！所以，她的書不只爸媽愛看，連青少年也心有戚戚焉。我尤其欣賞本書中關於3C教養的觀點，菊仙說得十分精闢。在手機成癮的時代裡，家長與孩子都該一起學習如何自制自律，十分值得學習！

——張美蘭（小熊媽）　教養／繪本作家

我進行心理治療多年，接觸大量青少年與家長。面對進入青春期的孩子，溝通往往成為家長最無力的困擾之一。菊仙以家長的親身視角、細膩而豐富的觀察，與精闢洗鍊的文筆，為我們提供許多在親子溝通中，實用又貼切的建議，非常值得爸爸媽媽細細品味。我很榮幸在此向您推薦。

——陳品皓　好日子心理治療所執行長

有人說青少年是個獨立於人類以外的物種，不成熟但又充滿自信、有想法但又只聽同儕、自認為很懂但其實都不懂。此時，如果我們還是採用對小學生的說教方式，青少年立刻把耳朵關起來，甚至翻白眼、戴耳機。如果採用面對成人的尊重方式，青少年很開心，但卻少了許多被教導的機會。到底，該如何與青少年相處呢？

彭菊仙老師把家中應對過的教戰手冊，撰寫成書，帶領我們跳過許多冤枉路，告訴我們如何溝通、教養、建立更好的親子關係。陪著青少年從只有「我」的思維，轉變成有了「我們」。

——魏瑋志（澤爸）　親職教育講師

當身旁抓著衣角的孩子「進化」之時，身為父母又豈可單靠十八般武藝對應走江湖？看似長大亟欲爭取獨立表現自我的青少年，對身旁不斷變化的環境與挑戰，既感到興奮也同樣不知所措，有時自誇臭屁有時又頓失自信，加上來自腦內生理的起伏變化，青少年絕對是個人的大革命時期。

這本專屬青少年家長的生存手冊，引用許多數據做為客觀依據，並示範在這客觀基礎上，如何適當發揮父母對孩子的愛與影響力，瞻前顧後的同時又鼓勵孩子探索思考，一起創造親子間更多的默契與革命情感。

——羅怡君　親職溝通作家

班裡恰巧也有幾位情緒暴走的青少年，此時讀起本書特別有感。從書中學到不少如何面對情緒衝突的技巧，或是如何與青少年說話的藝術，都讓人獲益良多。於是在文字療癒中，又找回了更多同理心與力量。

——蘇明進（老ㄙㄨ老師）　作家／國小教師

自序

讓青春少年把你鍛鍊成更有智慧的人

彭菊仙

為什麼寫這本書？因為近來演講，都有讀者跟我呼求：「老師啊，你快點寫一本對付青春期孩子的書吧，每天都吵架，快崩潰了！」原來，從部落格時代一路走來的讀者爸媽們都來到了「父母束手無策期」。

除了讀者的鞭策，真正的事實是：我自己本人正在經歷三倍強度的折磨（我家目前三枚青春風暴男孩），有些時候，我不只是束手無策，而是必須把自己屬於靈長類動物的靈魂徹底抽空，甚至暫時拔除一個哺乳類動物媽媽的母愛，更甚或刪除一隻低等生物具備的基本知覺，成為一具無心無肝、無愛無恨、無目屎的「無生物」，暫以「軀殼狀」潛沉多時才得以修復，爬回生物界苟延。

累啊！乏啊！原來是「我自己」更需要寫這一本書！這大半年來的書寫不只是書寫，其實是一趟不得不的自我療癒歷程，更是一個深探與參悟的歷程。

家有三枚青春期炸彈，做為一個媽媽，必須準備好宇宙無敵強的自我修復工具，否則有時連孱弱的一小步我都難以踏出；三個男孩又分屬不同狀態的風暴期，我更得「知己」又「知彼」，把他們當成一道道全新而且（說服自己是有趣的）課題來探究、來分析、來理解。

同時，我得務實面對自己親職角色的轉變，掌握每個自我的正念，否則我很可能變得比他們還「青少年」，甚至退化成一哭二鬧三上吊的小屁娃，連剛才那孱弱的一小步都會歪樓，引發親子巨大災難。

在一次溫馨的社群小網聚中，有青少年的媽媽們一致覺得自己很窩囊，小子教訓起老子完全不留情面，激烈的言詞卻裹不住漏洞百出的歪理，爸媽真是秀才遇到兵，有理講不清，張飛打岳飛，打得滿天飛。

最後大家的結論是，青少年的叛逆就像是「出水痘」，早出晚出，都要出。別以為高中以前沒出就沒事，有些人還在大學以後才給你大爆發！

哇，如果青少年的叛逆像出水痘就好辦多了，因為水痘一週就可痊癒。但青少年叛逆，短則一年，長則兩三年啊！苟日出，日日出，又日出，有時呈零星點狀，有時如火山爆發。

出水痘若是好好照顧，完全不留疤痕；但青少年的叛逆，若是處理不當，親子雙方都會殘留幾十道陰影，怨念可延一輩子。而且，水痘可以打疫苗，青少年的叛逆症頭多而雜，無可逆料；水痘患者會依照醫師指示，唯醫生的命令為尊；但青少年的叛逆，絕不是誰說了算，只有他自己說了才算（有時連他自己說的也不算）。

好多時刻，我無語問蒼天，更有些超級倒大楣的日子，我遭受三大強力火藥輪番攻擊，心靈破碎無力，只能暫時忘記做為一個媽媽還有自尊。

就在自尊不知去向時，少年們卻又奉上赤子般的天真呼喊：「媽，我回來了！」「媽，我肚子好餓！」「媽，我跟你說」，一面吃點心，一面就巴拉巴拉大談奇人妙聞：說他感到驕傲的事，說他不屑的事，說他憤憤不平的事，說他疑惑難解的事。

此時，我又莫名其妙摸回了我在孩子面前的自尊，更撿回了久違的可愛親密寶貝。媽媽就是如此健忘，面對深愛的孩子，永遠能原諒，永遠能歸零、能回到起初的愛。

家有青少年，就如同洗三溫暖，一下子被蒸騰熱氣團團包圍，一下子又遭酷冰刺冷無情襲擊，隨著少年的喜怒無常，我的心境漸漸從「恆溫動物」演化成「變溫動物」，練就了快速調適心靈溫度的超能力。

當我無語問蒼天時，沒想到蒼天卻有語。

祂告訴我，孩子小的時候，依靠我、依戀我，要我在食、衣、住、行保護他們長大，我因而變得更勇敢而無比強大。

「但是，你並不見得能變得更睿智！請繼續接受一生中最棒的禮物——孩子，讓他們在青少年時期把你鍛鍊成更有智慧的人。」

這是我諦聽到的上天密語。是啊，人生哪有時期像現在，每一開口說話都戒慎恐懼、思量再三，想想該怎麼講，免得一不小心就引爆世界大戰？家有青少年，怎可能不長智慧呢？

我還聽到上天的另外一道密語：「請讓眼球重新運動吧，即刻起，不要老是只有孩子、孩子、孩子，請把眼球逐漸轉回自己！」是的，逐漸放手的同時，我實實在在感覺到又有機會多回望自己、關心起自己。這是青少年給爸媽的超級好禮——我們又慢慢贏回自己生命的空間。

所以說，孩子，永遠是淬鍊我們邁向美好、完整的最讚禮物。

然而，非得經過這麼慘烈的過程嗎？好吧！青少年爸媽，真心邀請你來看我這一本療癒與參悟紀錄，保證你能下修你的慘烈指數。我為你揭開青少年磨人精的內外真實樣貌，也把「負2.0完美父母版本」的修練絕招整理成冊，為的就是給你及時的一帖。

急急如律令，「水痘」、「水痘」，有一天必退！

非常夯的《你的孩子不是你的孩子》一書，我看了兩遍，所有的驚悚故事固然給青少年爸媽最棒的警示，但我最難忘的一段話，竟是著書時二十五歲的曉樂老師最終對媽媽的寬諒：「我突然很想跟她懺悔。母親一職，她做得很好了，我對她拋諸的怨言，有很大一部分是言重了。」

最近跟小子們看了一部走過青春叛逆的經典電影：「淑女鳥」（*Lady Bird*），戲裡渾身像長了刺的青少女不就是我家三隻的寫照嗎？而且有過之而無不及。不過，全劇來到最終，到遠方讀大學的女主角經過了時間空間的美麗校正，竟打了一通電話給她形同陌路的母親，欲言又止間，吐出一句讓花濺淚、鳥也驚心的：「媽媽，我愛你！」

且讓我們把眼光望向十年之後吧，或許我們也能等得到那和解，甚至被感激的一天。因為思念總在分手後、感謝總在長大時。和青少年交手，絕對少不了衝突，事實上，衝突也有其正面的功能，透過適當的衝突，爸媽才可能去了解青少年的內心需求與變化，而青少年也才有機會看到爸媽的焦慮與擔憂。然而，要回首來時路，也無風雨也無晴，還是得將傷害降到最低，將情緣繼續深耕心底。且翻開這本書吧，開始修練！

第一部

磨人精？青少年是磨出爸媽智慧的「金」！

01

青少年懶人包：我我我我我……

自我中心主義達到顛峰的青少年，他們的世界只有「自己」，老覺得有一大群觀眾隨時隨地緊盯著他們……

青少年真的好難了解嗎？不！青少年其實非常簡單，簡單到只需要一個字就可以形容完畢，那就是「我」！

青少年是才剛從和我們綁在一起的「生命共同體」鑽出來的新產品，嶄新、鮮嫩、獨特、蓄勢待發，他們迫不及待的想要壯大自己，關於「自我」的一切不斷成長、加速度膨脹，以致於爆了棚。最後，他們的世界就被巨大而沉重的「自我」給占得滿滿，壓得緊繃。

於是，一小顆青春痘能看成一大顆毒瘤；一小撮瀏海如同一大片雜草般礙眼，一句善意的建議能聽成挑釁帶刺的毒舌酸語。

除了整個世界都被「放大的自己」塞得滿滿，青少年還被身邊一堆看不見的東西團團卡住，他們走到哪，那些東西就卡到哪，卡得渾身上下不自在。哇，別嚇人了，到底何方妖孽？

心理學家艾爾楷（David Elkind）幫我們描繪出這些看不見的東西。他說，「青少年總覺得有一大群觀眾隨時隨地緊盯著他們，他們不自覺就陷入『自己是主角』的假想」，一舉一動都成為矚目的焦點。他們很難壓抑向「假想觀眾」討拍或炫耀的衝動，但又怕別人品頭論足，因此青少年會過度在意自己的形象，常顯得刻意造作、矜持局促。

事實上，青少年身邊哪有什麼觀眾緊盯著他們？他們的世界被無與倫比的「巨大自我」整個占滿，從頭到尾，那些無數個假想的眼光，就是他們自己。是他們把自己關在「楚門的世界」裡，困獸猶鬥。

青少年自己矚目著自己，自己監督著自己，自己挑剔著自己，自己批判著自己，一個無時無刻都要和自己戰鬥的孩子，怎麼不悶？怎麼不苦？

艾爾楷也提出另一個關於青少年很有意思的理論，就是「個人神話謬誤」。他們會無限上綱自己的重要性，認為自己是獨一無二的，想法絕對的政治正確，像神一樣不朽、特殊而偉大，所以聽不見大人師長的任何建議。他們也老覺得沒人能了解自己，好像罩著一個無形的玻璃鐘罩，別人觸不到他們的心，他們也合不到別人的意。在孤絕的世界裡，青少年或孤芳自賞，或自舔傷口，他們怎麼不怪？怎麼不煩？

「自我中心主義」達到最顛峰的青少年，他們的世界簡單到只有「自己」，看不到別人，想不到別人，容不下別人，渾身上下、從裡到外的組成元素，就只有：我我我我我……

不過，別擔心，如影隨形的假想觀眾不會跟隨他們一輩子，大約十六歲，「想像的觀眾」就會退散，而被「真實的觀眾」所取代，不再一直把自己對自己的感覺投射成別人的眼光，而能區分出是自己的感覺還是別人的感覺。

凡事「以自我為中心」的討人厭模樣，也會愈來愈讓人看得順眼，因為他們已經可以跳出自我的寶座，慢慢具備換位思考的能力，同理心逐步增強，接受這個世界不可能完美也不會照著他們的理想走，大人有大人的難處與苦衷，也需要他們的諒解與配合。

請耐心等待青少年的轉變，終有一天，他們能擴展成「你妳他她它我……」的豐富人我世界。

02

照破鏡子，還是不認識自己

青少年常陷入自我追尋的世界裡，唯有確認自己的性格、能力、價值、目標與夢想，才能安心茁壯。

十個青少年有九個，一進浴廁就好像被困住，門鎖緊扣，安靜無語，與世隔絕，生人勿近，直到天荒地老，這才發現他們似乎隨著浴廁整個消失在地球上。

他們沒有消失，只是跌入了「自我追尋」的異次元時空，在一張張想像的面貌裡尋找真正的自己，而且是能讓自己滿意的自己。

「別人說我的眼睛很小，真的嗎？確實太小了！」於是浴廁櫃子裡莫名其妙多了眼線筆、雙眼皮膠帶、假睫毛，浴廁成了少女「改良小眼睛」的超級實驗室。

「我的臉就是太圓了，如果臉能瘦一點，我就是美女。」於是浴廁裡悄悄上演著髮型百變大試驗，從此，少女就被自己認定的「小臉美女髮型」所制約，非得以此面貌示人不可。

「怎麼又冒出一個青春痘？現在就來把它處理掉！天啊，流血了。咦，下巴還有一顆，天啊，實在醜到爆……」每天，廁所都成了憂心忡忡的少男少女處理青春痘的「專屬手術室」，因為他們的自我形象很可能被幾顆小青春痘毀滅。

時光悠悠虛度，終於，他們「被想起」了。門外只是飄來一句很普通、甚至溫和至極的日常問話：「喂！你在幹嘛？好了沒啊？」卻激起他們滿格的怒氣炸開！要知道，他們正陷入「自我追尋的世界」裡，正在很辛苦、很努力地進行一項非常重大的人生工程——自我檢視與核對，卻被硬生生拉回凡人世界，這不就像一個酣睡的人突然被驚醒？啊，森七七，青少年當然覺得這是正常人類反應。

裝睡的人叫不醒，還沒找到自我的人一定會再繼續。所以，明天、明天的明天、明天的明天的明天，青少年還是會沒入這個異次元時空，忘了世界，也假裝世界忘了他，然後繼續嚴苛地檢視自己，想方設法改造自己。然而，這個偉大工程好像總是沒完沒了，因為，青少年每天從浴廁走出來，對自己的印象仍舊是一團模糊。

除了對自我外表的核對，青少年對自己的所有——性格、興趣、角色、發展方向，都在進行確認、核對與追尋。心理學家艾瑞克森（Eric H. Erickson）指出，人生有八個階段，每個階段都有其主要發展任務。青少年階段最主要的任務就是「找自己」，他們極力想要知道「我是誰？」和「我要往哪裡去？」，也就是「自我認同」（self-identification），唯有確認自己的性格、能力、價值、目標與夢想，青少年才能像棵樹一樣，扎下穩穩的根，然後安心地往上茁壯。

否則，就如同艾瑞克森所說，如果這個階段的「自我認同」任務沒有完成，將嚴重影響到下一個階段的發展，也就是成人期將會出現發展危機，因為他們將會感到生命毫無方向感，惶惶終日不知所以。也就是，一個階段的功課沒有完成，那麼下一個階段也就很難混啦！

03

哪一個版本的我才是真正的我？

青少年的自我認同過程艱困而複雜，同學的玩笑話、老師的評語……，都能讓他們對自己進行比對、分析，歸納出關於「自己」的標準版本。

關於「自己」，青少年要核對的版本實在太多，往往讓他們陷入混亂。他們最大的困惑就是，到底誰眼中的自己才是「真的自己」？因此，他們始終像在進行一個偉大的研究計畫，不斷蒐集來自四面八方對他們的評價，然後，試圖把每一種資訊拼湊起來，整合、濃縮成一個「統一標準版」，這就是「自我認同」的過程。

這真是一個偉大而艱困的工程，青少年卻像是自找麻煩一樣，全心投入，分分秒秒都離不開這個研究主題。同學無心的一句玩笑、路人白過來的一個眼神、老師聯絡本上的簡單評語、長輩出於客套的一句讚美、爸媽反覆出現的日常對話、自己的興趣喜好、課業成績、才能展現……，全變成一張又一張有意義的「標籤」，不斷飛入他們待處理的「大數據資訊庫」，然後，他們便積極地進行比對、分析，求同存異，慢慢歸納出關於「自己」的中央標準版本。

青少年理解自己的第一個版本當然是「父母版」，這個版本好比火鍋湯底，一鍋用心熬煮的湯底，將成為青少年最有力的人格基底。剛才不是說過嗎？前一個人生階段的功課若是沒做好，下一個階段也就很難混，青少年的前一個階段是「兒童期」，主要任務是「養成求學、做事、待人的基本能力」。而誰來幫助兒童建立這些能力呢？當然是爸媽。這些任務若是發展得好，兒童就會進取奮進；發展得不好，則會自貶自卑。

青少年到底是帶著一鍋進取奮進的「人格湯底」，還是自貶自卑的「人格湯底」進入人生新階段呢？這決定了青少年在進行「自我認同」的一開始是否暢行無阻。

帶著自貶自卑「人格湯底」的青少年當然非常辛苦，難道沒有翻轉命運的可能嗎？再來複習一次艾瑞克森的理論核心，那就是，前一個階段沒有完成的功課，你就是逃不了，就得重修。所以自卑自貶的孩子，在青少年階段當然要彌補兒童期的發展任務，否則人生不會饒過他，一定很不好過。

如果他們在青少年階段要能補齊學分、迎頭趕上，勢必得從父母以外找到對他們的肯定、支持與正向的評價。這時候，一鍋爛湯底，可能就因為陸續加進來的好料，搖身一變成為美味佳餚。這就是自我認同過程中出現的「自我校正」，危機裡不會沒有轉機，青少年會不斷找機會做「自我校正」，直到他們審訂出一個標準版本。

相反的，好湯底也有可能變成五味雜陳的怪味道。如果來自爸媽、老師或同儕、外界的評價不一，就像一鍋湯加了醬油又加了糖，原本想清蒸最後突然紅燒，那麼這鍋四不像的東西到底該叫什麼呢？青少年面對連自己都很難下嚥的雜牌鍋，是什麼心情呢？

當然會疑惑、焦慮、不知所措，也就是這個階段出現的發展危機：無法達到自我認同，造成「角色混淆」。

自我認同不會一氣呵成，青少年得常常在「角色混淆」與「自我校正」間擺盪，這也是為什麼他們時喜時悲，陰晴難定，因為這個「自我認同」的功課真的好難啊！

04 少了一點腦，缺了一根筋

青少年的大腦很常被發射強烈情緒的杏仁核所挾持掌控，
但是掌管理性思考的前額葉卻要到二十多歲才能發育完全。

我在滑臉書的時候，最害怕滑到自家小子的臉書，因為，一不小心，就會看到憤怒少年的「腦殘文」甚或「無腦文」。他們自以為是美國隊長、雷神索爾、青天包拯，秉著凜然的大義針砭時事，但化為文字時，卻只見爆炸情緒、前因後果交代不清的殘篇斷簡。每每想要糾正，但與少年交手的經驗卻是：愈批判，少年郎愈衝動；愈攻堅，愈是敵我分明。最後，戰線延長，火力全開、分道揚鑣。

青少年無法三思而後言，言後也還是無法三思；更可怕的是，他們還無法三思而後「行」，所以全世界關於意外傷害、交通事故、溺水、暴力等事件發生比例最高的統計數字，都在青少年階段。

別被青少年的長手長腳、個頭高過我們的外表所誤導，他們的大腦在衝動控制、思考判斷、計畫執行這一塊，還在接水接電的施工狀態。掌管理性思考的部分，就是大腦的CEO「前額葉」，還要等到二十多歲才能端出斐然的成果。這一部分並沒有跟他們的身體一樣日益飆長。

這就是為什麼青少年老是莫名其妙、沒頭沒腦，因為他們就是少了一點腦，大腦還沒長好啊。你想跟他講道理，但是他們的大腦可還沒準備好來聽懂道理。

雪上加霜的是，偏偏這時候，青少年的大腦常被發射強烈情緒的部分所挾持掌控，那就是大腦的看門狗「杏仁核」。只要有威脅、壓力、危險、攻擊出現，這個激動的看門狗就會亂吼狂吠，呈現警戒狀態，所以青少年才會那麼敏感，那麼容易憤怒反彈。

面對負面情緒，看門狗「杏仁核」在青少年時期的反應，比起其他人生階段，可是更快、更急、更猛，所以青少年面對壓力時，反應特別劇烈，一倍的壓力會膨脹成數倍的力道，讓青少年無力招架。偏偏在這時期，課業變得繁重，又得面對同儕之間日漸複雜的人際關係，還得完成尋求自我認同、摸索人生方向的重要任務。於是，天天都處在自動加壓的壓力鍋裡，當然變成一枚威力十足的不定時炸彈。

看門狗「杏仁核」可不只對負面情緒反應激烈，它對冒險犯難所得到的快感也是反應熾烈，像一隻興奮過度的神經質小狗，亂跳亂叫，因此青少年總不假思索就膽大包天地去冒險。他們不會知道自己為什麼要這麼做，因為理性腦沒辦法好好發揮功能，但是刺激得到的暢快報償，讓杏仁核的大燈馬上亮起來，非常有感。所以心理學家認為，青少年普遍都具有「刺激尋求特性」。看來，青少年非但是傷人的不定時炸彈，還很可能成為「自爆彈」。

為了防止被青少年的煙硝掃到，有智慧的爸媽都知道要和他們「保持距離，以策安全」。但是，這個距離可得拿捏好，因為一不留神，他們就會糊里糊塗做傻事、闖大禍。完美距離是：讓青少年感覺不到爸媽的存在，爸媽卻始終能看到青少年的存在。

此外，當青少年的大腦被情緒腦杏仁核綁架時，絕對不是溝通的好時機，因為一隻暴躁小狗只想咬人，他自己的理性腦都嚇到已雲深不知處，你開口，他只會收到一個訊號，那就是：快點來把我咬個面目全非吧！直到暴躁小狗安靜，他們的理性腦才會浮出，慢慢把狂吠小狗制服。此時，才是談「人」話的時機。

05 凸顯自我的方法：我「嘴」故我在

青少年處處都要唱反調，天天都當反對黨，若爸媽也硬碰硬，最後真的就成為相看兩厭的敵人，一起暴衝。

還記得那隻成天「嫑嫑嫑」的三歲娃嗎？你問他要不要喝ㄋㄟㄋㄟ？嫑！要不要洗澎澎？嫑！要不要自己吃一口？嫑！然後「碰」一聲，就把湯匙大力丟在地板上。哇！小娃兒這才發現自己怎麼有一雙這麼能幹的小手？這是孩子的第一個叛逆期，一聲聲的「嫑嫑嫑嫑嫑」真好用，因為一直喊一直喊，娃兒就發現了「自己」的存在！

如果說三歲娃連狗都嫌，那麼孩子的第二個叛逆期——青少年，應該是連狗都想扁了。一聲聲簡單的「嫑」此時已進化成「華麗加長版」，青少年見縫插針、咄咄逼人地給你「嘴」回去，看似詞彙豐富、完整演繹，然而卻是漏洞百出、幹話連篇到氣死人不償命。但是，在他不斷製造的激躁對立中，青少年就抓實了縹緲的「自己」。

笛卡爾說「我思故我在」，三歲娃則是「我『嫑』故我在」，青少年更是把「嫑」的精神推升到極致、內涵充實得有血有肉，他們已到達「我『嘴』故我在」的境界。於是，青少年處處都要唱反調，天天都當反對黨，你說東，他一定說西，你若堅持，他也沒在怕。

因為對立才能分出人我，反差才能凸顯自我，「自我意識」必須強烈如白紙上的黑點才能被有效感受，當然要刻意誇大彼此的歧異與鴻溝，如此，「存在感」才能刷得清楚分明。存在感刷刷刷，不是在消耗，而是在儲值，所以青少年寧可激烈，寧可偏差，也不願埋沒那澎湃洶湧、排山倒海的自我意識與自我價值感。

青少年多半都是犀利人子，但若我們也來硬碰硬地當犀利爸媽，那麼他們原本還在合理限度內的「良性叛逆」，就會走樣變成「惡性叛逆」。原本只是把爸媽當成琢磨他自我意識的「工具人」，因為我們傻傻上鉤，以暴制暴，最後真的就成為相看兩厭的敵人，一起暴衝。

青少年像顆皮球，你愈拍他，他就跳愈高；你愈踢他，他就滾愈遠；你愈想壓過他，他就反彈得愈厲害。當他「存在感急症」發作時，最好的辦法，就是抽去所有引爆他亂彈亂跳的動能，簡單一句話，大人不跟小人一般見識，走為上策。那麼，他就會變回安靜的小球，乖乖蹲在角落。

喔，不！剛才那句話有一點瑕疵，青少年再也不是「小人」了，這就是問題所在，他們是還需要依賴大人的「長大的小人」，也是渴望獨立的「還沒長大的大人」。他們不甘心再當過去那個討人歡喜的小可愛，但又還沒練好獨當一面的大肩膀，於是老在「獨立與依賴」之間掙扎擺盪。青少年本身就是和大人既平等又不平等的矛盾組合。

所以爸媽怎麼辦？他們矛盾，我們也要跟著矛盾啊。該供給支應時，就承認地位不對等吧！該讓他們自我表述時，就承認他們也是一個真真實實的「人」的存在，而非只是「人子」。我們身邊哪個正常人能夠忍受別人老是高高在上呢？他們三歲時的叛逆，如今都能回首一笑了，現在當然有辦法挺過去！

06

是愛找碴的屁孩還是公民不服從？

每個年代永遠存在著革命無罪、造反有理的「小屁孩」，而且上一代永遠看下一代不順眼，「世代對立」永不退流行。

猜猜看，以下是誰在氣 pupu 大罵年輕人？

「如果我們這一代，得依賴那些輕浮的年輕人，未來就沒指望了。現在的年輕人魯莽急躁，無藥可救。小時候，大人訓誡我們要謹言慎行，敬老尊賢，但是現在的年輕人啊，對所有的限制都不耐煩……。」

千萬別以為這又是哪個X世代的魔人想要黑年輕人，這段話，可是來自三千年前的古希臘詩人荷西奧德。

連蘇格拉底也曾經氣急敗壞地大罵年輕人，他毫不客氣地說：「現在的年輕人只愛舒服享樂，欠缺禮數，蔑視權威，不尊重長輩，在修行處大聲聊天，孩子都成了暴君……。」

看來，不論多麼美好的年代，永遠存在著革命無罪、造反有理的「小屁孩」，上一代永遠看下一代不順眼，「世代對立」永不退流行。但弔詭的是，如果年輕人都要無賴，那麼「美好的年代」不老早就被他們終結掉了嗎？不！沒有，時代始終在進步，而且進步的速度之快，讓每個時代的「上一代」都追趕得很辛苦。

上一代之所以看年輕世代不順眼，正是因為從青少年開始，他們的大腦產生了劇烈的進展。他們變得非常愛思考，而且非常會思考。兒童時期看什麼都順理成章，現在卻看什麼都奇怪，於是一個個疑問從腦海跳出來。而且他們不再像小學生一樣只問「為什麼這樣？」，還要進一步反問：「為什麼不能這樣？」

「為什麼不能穿便服上學？」「為什麼讀書不能用手機？」「為什麼不能晚一點到校？」「為什麼沒人使用的時候不能坐博愛座？」……，每一個「為什麼不」，都像在故意找碴，挑戰既有的定律，破壞習以為常的規範，大人也禁不住要問問青少年：「為什麼你們意見一大堆？」「為什麼不能像以前一樣聽話順從就好？」

青少年如果正常，就再也不可能只乖乖聽話，因為他們大腦的進階功能驅使他們成為「找碴王」、「革命分子」。認知發展學家皮亞傑認為青少年和兒童大異其趣，因為他們開始具備抽象思考的能力，腦袋有很棒的建構與聯想功能，不再像兒童一樣，什麼都需要眼見為憑，才有辦法想通事理。

青少年從兒童的「具體操作期」邁入了「形式思考期」。過去，必須用眼睛看、用手做、用五感體驗，才有辦法在腦袋裡映出相對應的畫面，然後這些清晰的圖像才能引導他們的腦袋做有效的運轉思考。

然而，現在他們的大腦彷彿加裝了「自動顯影器」，即使是抽象的符號或概念，大腦都有辦法做邏輯推理，或是用聯想力建構出一番自圓其說的道理，或一套完整的事件發展。他們還能做假設性的思考，更能逆向思考、拆解隱喻、超越固有想法。

他們的腦袋裡好像有一個魔法水晶球，過去看不到的、想不到的，現在統統顯影出來；過去習以為常、沒人覺得有異議的概念，他們功能晉級的大腦就是要大展身手來進行一番推敲與思辨。所以青少年的心中充滿了各種質疑，用他們短短十幾年的人生歷練所建構出來的道理或情節，往往像是童話王國般的不食人間煙火，是禁不起辯證的「理想主義版本」。

當他們用這樣的「高標」來檢視周遭的人事物時，自然眼裡全都是刺，處處充斥著不公與不義，於是，心中一個個質疑就變成一道道批判，不吐不快。這讓青少年看起來就是不折不扣的「憤青」，每一個時代的青少年都如此，沒有例外。這可不是宿命，而是人類青少年再正常不過的發展特質。

此外，既然整個社會都在鼓勵實踐「公民不服從」，青少年天天耳濡目染，「不平則鳴」當然也就順理成章成了他們的生活日常。

07

面對火山少年的勇氣

青少年的爸媽和住在火山附近的居民差不多，
如果不隨時留意火山變化，稍不注意就會被炸得遍體鱗傷。

一個心理學教授提醒正在分析「羅夏克墨跡量表」（一種利用墨跡圖片來評量人的個性特質的心理測驗）的研究生：「請記得檢查受試者的年齡。如果是個青少年，你千萬別以為他有精神病。事實上，那只是個『正常』的青少年。」

的確，青少年的情緒劇烈震盪，可能前一分鐘大力甩門不內疚，後一分鐘又笑得像小百合一樣好幸福，再下一分鐘大聲怒吼比老子還兇，不多久又像個沒斷奶的娃兒頻頻喊餓。青少年都像典型的人格分裂患者，集衝突性格、起伏情緒於一身，不要說爸媽受不了他們的百變人格，就連他們也常被自己的陰晴不定嚇到。他們的情緒像活火山，隨時都可能爆發，但爆發後又能快速冷卻。然而，什麼時候爆發，連自己也不清楚。

每天都可能被炸傷的爸媽，還真得到了一個非常貼切的心理學名詞。美國學者烏諾（Barbara C. Unell）和威克夫（Jerry Wyckoff）將為人父母的心路歷程分成八個階段，其中孩子在十三至十七歲的階段，爸媽被稱為「火山居民時期」。此時期的爸媽和住在火山附近的居民差不多，如果不隨時留意火山變化的動向，那麼稍一不注意，就會被炸得遍體鱗傷。

青少年為什麼情緒那麼浮躁？有一個實驗，科學家用核磁共振成像來觀察青少年對情緒的反應。研究人員把恐懼的、快樂的、平靜的臉孔分別展示給兒童、青少年和成人觀看，發現青少年對於臉孔的變化有最強烈的反應，這表示青少年對於別人的情緒反應特別敏感，很容易有情緒連鎖反應。如前幾篇所述，這是因為青少年大腦的邊緣系統，也就是情緒的看門狗——杏仁核特別發達。

另一方面，青少年面臨前所未有的身心新發展——性成熟。第二性徵像是從地表突然冒出的奇異乖張生物，還來不及適應這些「特異生物」的降臨，就必須在道德禮數的約束下，努力克制暴漲的欲念。沒有人能揣度意志力薄弱的青少年，是如何孤寂掙扎地和這些新怪獸辛苦搏鬥。他們有口難言，有欲難伸，如同外冷內熱、溫度處在失衡的水瓶，隨時隨地爆炸都不意外。

這就是為什麼青少年逮到一個小機會，就要小題大作、借題發揮，語不驚人死不休。在他不想說話的時候突然被問上一句，也可以亂揮一通，將之掀成狂風巨浪，最後如同恐怖分子一般襲擊周遭每一個人。他們快要爆炸的內在，需要找到出口，即使微不足道，都會故意冒犯。對，是故意！青少年很多時候就是很故意，很挑釁，因為他們得找機會釋放能量。

青少年是火山，而且是活火山。他們在這個階段，就是有爆發不完的能量，爸媽知道這個現實，就請不要玻璃心碎滿地，因為熾熱熔岩所到之處絕對是毀滅到底，連你的玻璃心碎片也將熔化殆盡。唯一之道，請快學習掌握「火山」將要爆發的訊號，那麼，與火山孩子和平共生也絕無不可能。

08

我瘋狂自拍但你不可以拍我

青少年在空間上和心理上，都需要清楚地把「我」劃分出來。
他們強烈體會到，自己和爸媽一樣，都是有自我主權的「人」。

朋友不約而同地問我：「怎麼現在很少看你貼三小子的照片？難道他們現在除了讀書之外乏善可陳？」事實上，三小子在這個酷世代裡，每天令我驚豔的畫面是一樁接一樁，沒有一天不精采撼動。以我這過去狂愛貼炫耀圖的本性，當然好想繼續當個報馬仔，每天丟個驚爆彈，看看能爆出多少熾烈的火花與迴響？

不過，打從孩子進入中學之後，我發現有比「滿足自我宣洩」或「滿足我的讀者」更重要的事情，那就是：孩子大了，他們有非常明確的自我尊嚴與獨立人格，所以，當我貼圖或下筆之前，必定會先考慮小子們的感受。

在奧地利，有一名十八歲女孩，不滿爸媽過去未經她同意，就將她小時候五百多張私密照片上傳臉書，因而要求撤下照片。但她的爸媽卻堅持他們有權使用親手拍攝的照片。結果，這女孩竟一狀告上法庭。

孩子到了青少年時期，突然有了一種新的覺知，那就是：「爸爸媽媽，你們是你們，我是我」，青少年在空間上和心理上，都需要清楚把「我」劃分出來。

在有形的空間上，他們會需要有一個能區隔出來的空間，不被打擾，只有自己。全世界的爸媽總有一天都會被青少年問同一句話：「爸媽，你進來我房間做什麼？」好神奇啊，就像嬰兒七坐八爬的必然發展，所有孩子都會來到這相同的宿命。

接著有一天，原本每天都要擠在爸媽身邊才能幸福入睡的寶貝，變得彆扭不自在，然後，就會理直氣壯地要求要有自己的獨立房間。還有一天，當你看著家有少年初長成，忍不住想按下快門，一定會聽到一句比警官還嚴厲的喝斥：「爸媽，可不可以不要拍我？」然而，奇怪的是，少年少女天天瘋狂玩自拍，為什麼爸媽一張都不許拍？

在無形的空間上，孩子更怕父母如影隨行。金車基金會的調查顯示：有高達四成以上的青少年不會加父母為臉書好友，因為會有被監控的感覺。青少年更討厭父母不斷在他們的臉書或 Instagram 上按讚，更別說是搶頭香，那簡直是「自殺式被孩子封鎖」的最快方法。

提心吊膽的爸媽一定會以為孩子躲躲藏藏，肯定做了不可告人的事，所以更加疑神疑鬼。但事實上，再乖的孩子都會有相同症頭：好怕爸媽隨侍在側、緊迫盯人。

正常的青少年像是經歷了一場覺醒運動，突然在自己和別人之間劃出了一條清楚的界線，他們渴望擁有一小塊自由優游的空間，享受自我主張的權利。因為就是這個時候，他們強烈體會到，自己和爸媽一樣，都是有自我主權的「人」，即使角色不同，但是身為「人」的尊嚴都是一樣的。

而首當其衝的，當然是要先解決和他們糾葛最深的爸媽，這是他們區分「人我界線」的重要起始點，他們必須從這裡學習被尊重，也學習尊重別人。而為了更強烈感受到自己是獨立的個體，他們會像剛贏得領地的所有權人，用非常戲劇性的誇張方式來捍衛自己的地盤、隱私與主權。

所以，爸媽該怎麼做才能讓他們學會「尊重」與「被尊重」呢？繼續偷窺他們的抽屜與櫃子？亂看他們的私訊與信件？不敲門就硬生生闖入房間？不經允許就把他們的照片、糗事貼在臉書上？如果我們周遭的大人朋友不允許我們做這些事，那麼很合理，強烈意識到必須被當成一個「人」來對待的青少年，也絕對無法接受。

09

酸、嗆、A、黃，青少年的江湖情懷？

小子跟同學聊天充滿嗆辣髒話，其實這只是同儕之間的「團體耍酷法」。

朋友對青少年有多重要？如果青少年沒有朋友、缺乏人氣，那他們的匱乏感與痛苦指數，就和成年人缺錢、幼兒失去母愛、兒童沒玩具可玩不相上下。朋友，是青少年階段最重要的資產，這個資產中還要能分出更貴重的寶物，那就是多多少少要有幾個死黨、麻吉。

他們不再依戀父母，所以必須從朋友身上尋求認同感，找到情感的連結與歸屬感；同時，他們也必須為未來的人生好好琢磨人際相處的技巧，朋友，正是他們現階段最棒的演練對手。

爸媽們請認清，我們已經滿足不了這些需求了，所以，適時退位吧。請認分的接受一個現實，雖然帳單還是得繼續付，但絕對不要期望青少年依然愛我們如昔、把我們當成世界的天、過去那個他們心目中的萬事通、維基百科。現階段就是一個父母付出與回報不成正比的「被掏空期」。

不少研究都顯示，青少年的同儕關係愈好，自我概念也就愈好，也就是說，能得到朋友愈多的肯定，他們就愈有自信、愈快樂。這就是為什麼不少青少年狂熱地上傳自拍照、蒐集按讚數，因為這就是他們這個階段的「財富」。有朋友，就有富足感，就有安全感；沒朋友，就一窮二白，即使爸媽付出再多的愛，若是得不到友誼，青少年也絕對不會快樂。

獲得友誼、找到人際中的歸屬感，是青少年最大的動力來源，即使拚好成績，其背後也可能是為了贏得同儕的讚聲。的確，針對上學原動力的研究顯示，青少年的動力來源是博取同學情誼，並非學業上的成就。

青少年仰賴朋友，青少年也被朋友影響，好朋友可以讓他們上天堂，壞朋友絕對也能讓他們人生變黑白。他們所依從的團體決定了他們人生的方向，不可不慎。青少年可能傻傻分不清是非善惡，就只為了朋友兩肋插刀；青少年群聚還可能無腦從眾，集體幹下轟轟烈烈的蠢事。

根據研究，青少年犯罪的社會因素中，「交友不慎」占九十%以上，這就是關於青少年的「差別認同理論」造成的結果。他們之所以會跟著做壞事，絕對不是因為做那些事多好玩或多有意義，而是為了展現對同儕團體的效忠。每個人想要持續成為團體的一分子，自然就形成一股強大的團體壓力，既然是同一國的，當然就要做同樣的事，有同樣的印記，創造共同的經驗值，管它好事或蠢事，just do it!

當然，蠢事未必一定離經叛道、觸犯法律，只要能標記出同國感，青少年都甘之如飴，這就是青少年為什麼會有「次文化」的緣故。

有一天，家裡其一小子上臉書忘了退出，停留在他的私訊，我才發覺他和死黨滿口幹話。第一個字都是ㄍ開頭國罵，夾雜著一堆我看得懂或看不懂的火星文，每一句話都火藥味十足，你酸過來，我嗆回去，看得我還以為他們已準備幹架。再看到小子的公開動態，兩人卻是溫良恭儉讓，彬彬有禮，彷彿是不同世界的人類。

逮到一個機會和小子拐彎抹角地聊到「髒話」。非常肯定的是，這是他們的同國語言，這個年紀喜歡耍酷，要耍酷，大家就一起耍，最簡單的方式，就是講講有一點超過、又沒傷人寒毛的髒話、嗆辣、酸話。這時候對性又高度好奇，所以開黃腔也是很容易上手的「團體耍酷法」。

從小子在私訊和公開動態判若兩人的表達模式，我可以非常肯定，那些感覺有點不入流的幹話，只會停留在他們小圈圈的次文化裡。既然他分得清楚場合，又強烈需要在麻吉團裡的依附同國感，那麼，做媽的我就留給他一些闖蕩江湖的空間吧！

10 青少年是一種晚睡晚起的特別生物

眾人皆睡，青少年獨醒；眾人皆醒，青少年獨睏？
青少年的夜貓症候群，是因為褪黑激素濃度改變的關係！

青少年成天喊累，總是一副睡不飽的懶貓狀，偏偏到了眾人皆睏的午夜，卻有不少青少年仍電力飽滿。青少年的身心急遽變化，連睡眠時鐘也完全不同了。研究顯示，發育中的青少年產生睡意的時間比成人晚了兩個小時，早上真正清醒的時間也比成人推遲了兩個小時。

意思是，眾人皆睡，唯青少年獨醒，當家人早就累癱躺平，青少年仍舊生猛走跳，愈夜愈美麗；而一大早七點趕著上學時，卻是眾人皆醒，青少年獨睏。他們像病貓，喊不起也推不動，這時間要青少年振作，就如同要一般人在清晨五點就打起精神上工，非常「不科學」。

青少年之所以有夜貓症候群，是因為褪黑激素濃度改變的關係。褪黑激素是一種有助於睡眠的荷爾蒙，一般人到了晚上，濃度就逐漸變高。但是青少年體內的褪黑激素，卻偏偏晚上十一點才開始攀升，而且高濃度一直持續到早上八點。所以青少年是一種

「晚睡晚起」的特別生物，「小夜班」恐怕才是為他們量身定做的工作時段。

偏偏國中開始，上學時間比小學還早，七點半就要到校，意味著六點半就得起床。這時候青少年還昏昏沉沉、半夢半醒，硬是要他們打起精神，就是逼他們和褪黑激素大作戰。而且，青少年「晚睡晚起」的偏好，還會隨著第二性徵的成熟，愈來愈嚴重，因此，高中生「晚上就是不想睡、早上就是起不來」的狀況比起國中生更加嚴重。

牛津大學曾針對一百所學校共三萬兩千名十五歲中學生進行一年的追蹤調查，看看如果把第一堂課延到上午十點，那麼會考成績是否會提升呢？結果，學生在會考中拿到五科A級的比率從三四％提高至五十％；弱勢學生效果更顯著，拿到五科A級的比率從十九％提高至四三％。看來，晚一點起床，晚一點開始一天的學習，對青少年來說，可不是偷懶，恐怕是最人性化的安排。

然而，目前我們上學時間的規劃，讓青少年普遍晚睡而早起，造成睡眠不足。而這個時候大腦正快速成長，需要足夠的睡眠才能讓大腦健康成熟。青少年在週間欠的「睡眠債」，就會利用週末來好好補眠。

根據研究，雖然補眠有一定效果，但是償還「睡眠債」絕對無法完全抵消週間的欠款。而且，若是青少年在週末睡到自然醒，甚至睡到中午，恐怕睡意將被迫更晚才襲來。那麼「晚睡」就會惡化為「更晚睡」，睡眠不足恐怕就不能只推給褪黑激素的改變，而成了一場惡性循環的「人為災難」了。

所以週末要補眠，也不要補到天荒地老，睡眠專家建議不要比週間晚兩小時以上才起床，否則到了深夜必定還是活龍一條；此外，3C會發出藍光，會抑制褪黑激素的分泌，3C的聲光畫面會讓沒有睡意的青少年大腦更加鬧哄哄，當然睡神就不會光臨。另外，實驗證明，陽光能有效刺激褪黑激素的分泌，青少年應該比誰都需要擁抱陽光！

第二部

青少年父母2.0

11

從神壇上走下來當凡人吧！

孩子還小時，總是聽我們、依我們、挺我們。

但什麼時候，一向以爸媽馬首是瞻的孩子開始頂我們、瞪我們、譙我們？

我在家裡各角落放了很多小子們嬰幼兒時的萌照，不論何時，我走過來、踏過去，只要看上幾眼，催產素（一種激發千萬柔情母愛的荷爾蒙）便瞬間噴發，化暴戾為祥和，去虎性為母性。啊，好懷念啊！美好的年代一去不復返，真想再抱抱那一隻隻柔軟的小動物啊！

是啊，我終於明白，為什麼不少爸媽在孩子長大後，都養了喵星人、旺星寶，因為才能一直讓自己沉浸在催產素的滋養中，讓溫柔母性永保新鮮。孩子在學齡前，不就是一隻隻可愛的小寵物嗎？

到了學齡階段，父母覺醒了，一隻隻寵物的獸性逐漸彰顯，處處需要教化，爸媽就從「飼主」的角色慢慢變成「教主」；而隨著孩子的行為愈來愈需要監督匡正，以養成良好的規矩，爸媽不由得又慢慢從「教主」爬上尊位，成了威權的「神主」。

為了管教好十歲、十二歲之前的孩子，我們會訂定規則、罰則，勤教嚴管，甚至主導一切，且對此習以為常。我們悄悄地就爬上了「神壇」的位置，親子關係往往是清楚的階級關係，上對下、大對小、強對弱。孩子也有好長一段時間如臣服的子民，甚至如忠誠的信徒，聽我們、依我們、挺我們。直到有一天開始不對勁了，一向以我們馬首是瞻的孩子，怎麼開始頂我們、瞪我們、譙我們？

讀完前一部，摸透了青少年的內外樣貌，爸媽應當知道，我們的角色又得要改變了。「教主」也好、「神主」也罷，還是「地主」？「一家之主」？只要有個「主」，這個字統統要繳回。孩子不再想當爸媽的子民，更不可能當信徒，尤其不可能還當我們的小寵物，因為他們認定自己才是自己的「主子」。

所以，孩子到了青春期，爸媽的首要之務，就是乖乖從「神壇」走下來。要成為什麼角色呢？有人說，要當青少年的朋友。我自問，我真的能當青少年的朋友嗎？我是很想啊，而且在河清海晏的親子承平時期，我彷彿也覺得自己做得到。但是，隨著小子們一隻一隻邁入青春期，我有個重大發現，就是：青春期孩子比任何人都清楚，爸媽是不可能真正成為他們所定義的朋友的，而他們也絕不想讓這樣的事發生。

別傻了！任憑怎樣的降尊紆貴裝可愛，我們和青少年同齡朋友所關心的話題就是不同，說話方式不同，語氣不同，用詞遣字更不同。而且承認吧，我們的「神威」偶爾還是會發作，不管如何地百般壓抑、自我提醒，我們對青少年的態度就是和對待自己的朋友大大不同。因為我們對孩子的愛，和對朋友的愛，也完全不同啊！

我們絕對不會因為朋友不聽勸而大動肝火，也絕對不會干涉朋友該怎麼過生活。但是，孩子熬夜、孩子不知上進、孩子染了壞習性、孩子選的對象大有問題，我們絕對做不到冷眼旁觀只給建議。

「和青少年做朋友」是很遠大的理想，有時做到，大部分做不到，這才符合人性。但是，絕對要從高高在上的神位走下來，試試看把自己當成一個重要性和孩子相當的凡人。鑽研阿德勒心理學的暢銷作家岸見一郎就強調：「大人、小孩是『不一樣』，但並非『不平等』」，這個時期，爸媽的主修課就是學著把青少年當成獨立的人來尊重。這很不容易喔，因為神位坐久了，應對模式早就堅定難移了。

岸見一郎說，爸媽要當「幫助者」，而非「介入者」，「幫助者」是和孩子協調出一致的目標，如果目標不一致，就應該尊重孩子的選擇，相信他們有與生俱來解決問題的能力，然後退居幕後樂當堅強的靠山；當孩子有需要時，讓他們知道我們永遠常在他左右，給予鼓勵、給予建議、給予協助。但是「介入者」有一個特徵，就是常常會說「喔，我是為你好」，強壓自己的意志與決定，要孩子遵旨。

不過，說實在，青少年的理性腦還沒有完全長好，所以在他們開疆闢土爭取自我主權時難免衝過了頭、犯上了大戒。這時，我真心建議，爸媽偶爾還是很有必要坐回神壇，擺出威嚴，鎮住門風，給他們當頭棒喝（不是真的拿棒子打喔）。

此時，表情嚴肅一些，聲音冷漠一些，眼神堅定一點、殺一點，青少年方能大夢初醒。不過，這不代表坐回神位的爸媽想罵什麼就罵什麼，想罵多兇就罵多兇，而是要快、狠、準，有效正中要害，別在神位上坐熱坐滿，收服了魑魅魍魎就速速退回凡間。神威久久耍一次就好，否則法力必然盡失。

12

我是盆栽，暗暗散放能量

媽媽受寵若驚問：回到家沒看到馬麻為什麼會問馬麻在哪裡？
小子稀鬆平常答：如果沒看見電視機，我也會問電視機怎麼不見了啊。

酷暑中，最難忍受的事情，就是悶在冷氣進不來的廚房炒菜做飯。大火烹煮讓廚房滿溢食物香氣，但斗室裡的溫度卻不斷飆高，媽媽我全身臭汗淋漓，所以夏天煮完飯，我是胃口盡失，立馬奔進浴室沖個痛快。

一天，正在穿衣時，側耳聽到當天晚歸的高中兒子一進門便劈頭問弟弟：「馬麻呢？她去哪了？」我怔了一下，頭頂冒出一團既驚又喜的迷霧：「哇，差不多快把媽媽當成空氣了吧，什麼時候佛心來著關心起我的下落了？」地位已經低靡許久的我當下受寵若驚，完全失去現實感。

打從小子們長成少年郎，踏進門後，一天比一天沉默，既冷淡又無趣，早不令人期待。七八年級時，小子們還殘留著一些小學時期的「媽媽我跟你說喔」症候群，接下來就急轉直下，進入了只剩一句「媽，我回來了」的沉默黑暗期。

這還不是最誇張的狀態。到了高中，小子進門後便直接跳過客廳，直線走進自己的洞穴──房間，然後大門一關，生人熟人皆勿近，有時還會悄悄把門鎖上。此時期稱為爸媽不得其門而入的「閉門羹期」。前述小子問弟弟「馬麻呢？她去哪了？」竟然是發生在這個時期，你可以想像一個被冷落已久的老媽內心有多麼激動啊！

有個燈光美氣氛佳的良辰吉時，我若無其事地問小子，為什麼回來沒看到我會問問我在哪兒呢？小子稀鬆平常地回答：「沒看到就問一下啊！如果有一天我進門沒看到電視機，我也會問電視機怎麼不見了啊。這不是很自然嗎？」當下，我的腦袋又冒出一團迷霧，然後在青一陣紫一陣的臉色中爆出一團哀怨之氣。原來……

爸爸媽媽之於青少年，已經不是一個角色，而是一種擺設。

爸媽當然不會甘於當一個擺設，但確實有過來人提點，若要爸媽與青少年雙方都好過，那麼爸媽有時候還真得把自己當成一種擺設。《紐約時報》專欄作家麗莎．達摩爾（Losa Damour）建議青少年父母：多數時候，把自己當成能夠散發光和熱的盆栽吧！

青少年不喜歡爸媽囉嗦介入，但不代表他們希望爸媽消失在他們的生活裡。相反的，他們希望父母經常在身邊，保持一種距離，不必做太多、談太多、問太多，但是卻得默默地存在、悄悄地輻射愛與光與熱，這會是一種最佳的依存模式。

研究發現，爸媽經常不在家的青少年，情緒與行為出現狀況的比例比較高。青少年當然不需要爸媽永遠在家，但是晚餐時，至少有一人和孩子一起吃吃飯；睡覺前，跟他們道一聲晚安，甚至擁抱一下，青少年就能得到很大的安定感，身心較健康，不容易走偏鋒。而且天天如此做，變成日常的一部分，即使爸媽不特別做什麼，都會一直感覺和孩子很親密。

其實，我從不少細節都觀察到小子們都有「爸媽要靜默陪伴」的需求。我的工作是寫作與演講，週末時常常接到演講邀請，兒子們早已習慣我的工作模式，事前我也都會通知他們我的行程。有一件事讓我篤定自己永遠是他們生命中「不可或缺的存在」，那就是他們一定會問我：「那馬麻你會幾點回來呢？」家裡缺了一台電視機，總是要知道什麼時候能恢復原狀吧？

所以，小子在讀書時，我也默默在旁讀我的書；小子放學回家滑手機、看平板，我則在一旁燙燙衣服、做點家務；小子補習回來懶得開口說話，我也很識相，默默在一旁打我的字、整理我的資料。

我有一個單身朋友常常跟我分享他家可愛的貓咪。他說，他最喜歡在家裡無論做什麼事都感覺到貓咪趴在旁邊陪著他。聽到這兒，我終於明白一件事，原來，同樣散發光和熱，電視可比不上生命。因為生命陪伴生命就是那麼神奇，我們能知覺彼此的溫度，享受著無形的牽繫。爸爸媽媽，我們一定是勝過電視機的啦！

13 收起觀音的千隻手，只留佛心

孩子沒做的、不想做的、不會做的，爸媽總想幫忙排除萬難。
但青少年正是學著為自我負責的關鍵階段。

孩子的便當盒誰洗？當然是自己洗。自從上了國中之後，小子一踏進門就會喊兩個「好」：好餓喔！好累喔！然後，好不容易在我的堅持之下所養成的一個好習慣就突然消失，那就是：一回到家先清洗便當盒和餐具。

「麻，好累喔，我吃完晚餐再一起洗，好不好？」

「今天考試好多，我真的好累好累，我一定要先睡一下。」

看到小子早出晚歸，學習滿檔，考試不斷，為媽的也疼在心裡。我絕非鐵石心腸，只要小子知道自己的便當自己洗，在這個點上我當然願意小小讓步，適時也要展現為人父母的慈愛。

「ＯＫ！但是請你記得，如果忘記了，便當臭到明天，你自己要負責！」

「ＯＫ！沒問題，我會記得，媽你別操心！」

晚餐後，小子有沒有記得要清洗便當盒呢？當然是，有提醒就有記得，沒提醒便忘記，以「懶」報德，以「拖」報恩。於是，有好幾次是隔天趕著上學前才發現便當盒沒洗，為媽的我當然絕不代勞。

小子捏著鼻子，掀開腐臭衝天的便當，甘冒遲到要罰抄課文之險，也只得匆匆清洗，胡亂塞進袋子。這樣，有沒有得到教訓？只要中午還有便當盒可以裝飯，顯然是飯照吃，學照上，日子照過，當然沒有得到教訓。第二天才想到要洗臭便當，就這麼洗著洗著，洗成了日常。

有時候是週五的便當盒被主人翁冷落到隔週一的早上。哇！便當盒掀開的一瞬間，那腐爛惡臭就從廚房一路入侵到客廳、餐桌，全家都被迫吸納毒氣，真是非常有味道的一週開始！

我開門見山：「你知道天氣愈來愈熱，第二天才洗便當，又匆匆忙忙的洗，細菌很可能洗不乾淨嗎？你還記得因為媽媽體諒你放學很累，所以才讓步不需要一放學就洗便當盒，但是，你還記得我們新的約定嗎？」

小子：「晚餐後洗。」

「看來我們有需要再討論新的辦法，我希望上學時你都有乾淨無虞的便當盒，也不要因為洗便當而遲到。你覺得怎麼做，才會真正養成習慣，在晚餐後就把便當洗好？」

一陣嗯……嗯……啊……啊……一番討論後，結論是：如果便當忘了洗，第二天早上還是得洗，但是洗完之後就不能帶到學校。這是親子雙方都接受且清楚明白的約定。

但小子似乎還裝傻，早上，悄悄拿出臭便當盒，被我逮個正著。

「很抱歉，看來你今天沒辦法帶便當盒去學校了。」我堅定但不帶敵意的提醒。

小子大驚，耍賴功迅即上身：「不要，我才不要，這樣我就沒有東西可以裝飯菜了，中午我都會非常餓，我一定要帶！」

我不為所動，更堅定地問：「我們的約定是什麼？」

「我知道我們的約定，但是我中午吃飯一定要有便當盒。」

「但是我們的約定你應該很清楚，應該要遵守，你覺得是不是該說到做到呢？」

「這樣我沒辦法吃飯啊！」

「我知道。」

「難道，你身為媽媽，不會擔心孩子沒吃飯嗎？」

「我當然會心疼，但不會擔心。我更希望我們都懂得說到做到，遵守約定。」

小子氣噗噗的把問題丟給我：「那請問我要用什麼吃飯？」

這不是我製造的問題，理所當然要丟回給製造問題的人，不疾不徐也不帶罪惡感：「你得自己想辦法了。」

我完全清楚一個事實：一個發育中禁不住餓的大胃王絕不可能虧待自己的五臟廟。

不出所料，小子回來說，吃個飯真的超級痛苦，因為沒有便當盒，只好到福利社要一個小塑膠袋來裝飯菜，浪費時間又沒辦法好好吃。

這麼一丁點的不方便，可不是處罰，而是信守約定，是應該承受的合理後果。一餐飯餓不死孩子的，但是，孩子學會對自己負責比捱餓重要太多。青少年最討厭爸爸媽媽囉哩囉嗦，他們想要用自己的方式做事，但絕對不是我行我素。每當他們偷懶耍賴、討價還價時，我也不猶豫，馬上提點他們「約定是什麼？」最後，我往往搬出這一句鏗鏘有力的話終結爭端：「鵝子，你想要多少自由，就得負多少責任；媽媽很愛你，所以想要幫助你自我負責，然後你才能享受到你要的自由喔！」

面對孩子，我們都忍不住變成千手觀音，只要他們沒做的、不想做的、不會做的，就伸出千隻能幹的手幫他們排除障礙，好讓他們暢行無阻。但是，青少年正是學著為自我負責的關鍵階段，爸媽面對青少年，絕對要收起觀音的千隻手，只須留著佛心，必要時，就把以往那無處不在的「古道熱腸」換上「鐵石心腸」吧！

14

青少年懂你的痛點，佛系父母別上鉤

我偶爾也會犯下「全天下爸媽都會犯的錯」，就是大怒卻不威，喋喋不休好像鬼打牆，繞了一圈回到原點，結局竟是大大的讓步……

為了讓小子們能學著為自己負責，他們上國高中之後，我學著放手，期許自己成為不處處插手的佛系父母。不過再怎麼佛系，只要母性還在，看不下去時，那虎性還是偶爾會現形。

逐步退出「監督孩子課業」這世間最苦的差事之後，連週末我也交給小子們自行規劃管理。關於小子們讀書這件事，似乎朝向美好理想的「無為而治」境界邁進。就在我覺得差不多要修成正果時，其一小子連續幾星期都在週日晚十一、十二點時才驚呼：哇！有功課還沒完成。

誰沒有疏漏？第一次，我當然給小子機會速速補寫。第二次，則勉力自己動心忍性，維持住親子的和平現狀，畢竟，孩子沒完成作業卻願意熬夜補齊，也稱得上是良心與上進心俱在吧。

但是，第三次呢？我脆弱的佛系父母假象瞬間崩盤！事不過三，一個人連續三週都在最後一刻才發現自己作業沒有完成，那根本是「良心從來沒發現」。說什麼上進心？那根本是對自己的責任「不上心」。

「這第幾次了？每次都到深夜才發現還有功課沒寫完，你對自己的事情有沒有責任感？懂不懂得規劃？我給你方便你當隨便，給你自由你當無所謂！」

「我有規劃！你不要誣賴我！」小子馬上辯駁。

「規劃？那還會連續幾週到最後才來補功課？」

「我就是有規劃，只是有遺漏，但不代表我沒有規劃！你憑什麼誣賴我？」

「那你就是規劃得太草率，責任感不夠才會沒把功課項目釐清楚。一次兩次太草率，你都沒得到教訓嗎？我看你根本就是習慣成自然，每個星期天都來玩一次深夜趕功課。告訴你，我不准你現在才來寫，該睡覺就去睡覺，你給我停筆了，不准再寫，聽到了沒？」

「這是我的功課，是我在熬夜，我不需要你管，我就是要現在寫，你出去，不要在這裡，我幾點睡不關你的事！」

「我是你媽，這是我家，你幾點睡，我就是得管！請你立刻停筆，寫不完是你的事，你明天被老師處罰是活該，也應該！」

「我偏要寫完，你不出去，那我出去！」小子砰砰乓乓，以迅雷不及掩耳之速整個移往客廳。

「你站住，誰准你用我的客廳了？這是我家，現在我禁止你在這個家的任何地方寫功課！」

小子怒眼逼視，我則青筋快爆出。看來，我步步威脅他停寫，也快逼他滾出家門。

「客廳你不准寫，那我就出去寫啊！」小子節節敗退，卻咄咄逼人。青少年就是這麼厲害，了解爸媽的軟肋在哪裡，他當然知道爸媽再兇狠都沒膽在這個時候放孩子出走。所以繞了一大圈，小子既沒有衝出家門（因為有膽小的媽媽擋在門口），也沒在客廳駐足（因為愛面子的媽媽不讓出客廳），又回到自己房間振筆疾書。這場戰役到最後是媽咪我敗陣下來，浪費了一堆力氣鬼吼鬼叫，卻回到最原始的狀態。

我嚥不下那口氣，最後丟下幾句話才甘心：「你明天起不來是你的事，我絕對不會叫你！」然後帶著一顆快要痲痺的心臟睡上很不安穩的一眠。

是的，我也偶爾會犯下「全天下爸媽都會犯的錯」，那就是大怒卻不威，我發了大大的脾氣，結局竟然是大大的讓步，喋喋不休好像鬼打牆，繞了一大圈還是回到原點，沒解決半點問題，只有不斷在孩子面前秀下限。

寫這本書有時好像在寫懺悔錄啊。不過，透過回溯，我才看清自己的錯誤，而且更透澈青少年的步數。青少年是「反作用力」的完全實踐者，那就是「爸媽你如果吼我，我就一定吼回去！」，而且「我的力道絕對不會比你小，只會更強！」

青少年的第二個步數就是「唯有讓爸媽陷入瘋狂，我才能脫罪！」所以，青少年都是挑釁高手，總是知道在關鍵的一刻吐出「誘餌」，就能激怒爸媽上鉤。當爸媽比孩子還像瘋狗時，也就成了高明不到哪去的「汙點父母」了，還有什麼資格教訓他們呢？

現在，我都會提醒自己千萬不要輕易上鉤，趕快游走吧！告訴自己，千方百計想要奪回主導權的青少年本質上就像「奧客」，奧客是什麼？就是他的難纏不是針對哪個店員，而是對每個店員都刁鑽。是的，你家的青少年絕對不是針對你。爸媽認清這一點，心裡有沒有好過一些呢？

15 爸媽心裡苦，爸媽不說

小子罵老子可以比老子罵小子更兇？
暫時呈現無心無腦狀態，無須立刻處理青少年的即興歪理之作。

那天經過街坊某鄰居，聽見好一陣高亢激昂的咒罵聲，不由得湊近仔細聆聽，哇！反了，反了，不是爸爸罵兒子，而是小子疾言厲聲大罵老子啊，而且那小子的聲音嘎嘎嘎如粗啞的鴨子一般，顯然是個正在蛻變中的少年郎。

原來，小子罵老子可以比老子罵小子更兇！在那一長串咒罵聲中，我竟然只聽到零零星星幾句爸爸唯唯諾諾的回應，感覺不是大欺小，而是爸爸被兒子霸凌。

當我們走在這條「孩子已經變成陌生的奧客」的教養路上，很多時候爸媽沒來由地接受刁鑽少年們莫名其妙的鳥氣，其實爸媽更是滿腹委屈。小子有苦，小子可以說，因為「青春期就是會叛逆」，這是人人都能理解的成長現象。

但在所有教養文章裡，我們都看到爸爸媽媽被控訴以諸多罵名：直升機父母、割草機爸媽、毒性父母、控制狂、嘮叨鬼、冷漠父母……，然後，文章清一色端出一條條準則、一套套建議、一篇篇勸世文，要爸媽多反省，建議爸媽要上進、重新裝備自己。

而且全世界有個一致的結論，那就是：天大地大，爸媽的肚量就是應該要比孩子大；你好我好，爸媽的修養應該要比任何人都好。沒有人能允許爸媽有一點點的任性，沒有人能輕易原諒爸媽有心無心的出錯。但是，爸媽也是人，不是神，所以，爸媽心裡苦，爸媽不說啊！

有一天，我在一家咖啡廳趕稿，走進兩個中年男人。其中一個剛坐下就怒氣沖沖大拍桌子，道：「這小子以為爸爸我會一直忍、一直讓，只要我稍微講一句話，他就開始頂。現在更過分了，我講的事情，他根本當耳邊風，甚至還故意作對想要激怒我，我的忍耐也是有個限度，他以為現在他比我高了，我就不敢揍他啊？今天回去，看我怎麼修理他……。」接著，這個爸爸似乎氣憤難耐，一五一十地訴說兒子的罪狀。

我一聽就知道他正在與一個難纏的青少年交手。但是，青少年還適合揍嗎？揍、打、體罰，這幾項工具當然在最佳狀況不該成為爸媽的教養工具，尤其不能放在青少年的教養工具清單裡。因為，青少年有強烈的自我意識，懂得擁護自己的身體自主權；打，只會打出了恨，把他打跑，打得愈來愈遠。

但是，這個爸爸為什麼會走到這一步？冰凍三尺，非一日之寒，青少年爸媽還來不及調適自己角色的變化，就要承接孩子大量的情緒轟炸，一天天累積下來，最終累積成能量驚人的壓力鍋。面對家裡的蠻橫奧客，爸媽為求自保不變形、不走鐘，絕對平日就要自保有術，隨時隨地阻擋負能量、排除毒素。

・**罩上隱形金鐘罩：**想找對象發洩怒意的青少年，他們的首選當然是永遠會無條件回到教養初心的爸媽，特別是媽媽。如果自認心理素質不夠強大到能概括承受他們的爛情緒，那就把自己套在一座透明但堅固的金鐘罩裡，讓他們的明槍暗箭打不到我們。你問金鐘罩在哪？那就運用偉大的想像力吧！說有，就會有，我們就自然刀槍不入，然後閉起嘴、不回應，惡毒嘴巴自然就沒戲唱了。

・**「他不是針對我！」：**不斷用這句話給自己洗腦，認清青少年的毒嘴與刁鑽，絕不是因為我們而起，而是他們看什麼都不太順眼，誰在他們旁邊都會成為易燃物，爸媽千萬別對號入座。

・**五感轉移，快速撤離風暴圈：**任憑爸媽如何強化自己的心理素質，有好幾年時間要與青少年交手，難免會有對戰的時刻。當我們心靈感覺受傷時，先擱著別管，且絕對要有止痛療傷的工具：去做自己喜歡的事情、給人抓抓龍、洗個頭，躲到充滿詩意的咖啡廳讀本書……，盡量把自己的五感，即目光、聽覺、觸覺、嗅覺甚至味覺，都轉移去感受其他有趣或古怪新奇的事物，這樣做能快速把自己從風暴圈撤離。

當我們的視線被當下的憤怒占得畫面滿格之時，一定覺得自己快滅頂，同時也覺得自家青少年可恨之至，全無優點。事實上，此刻的世界除了自己的心靈，仍處處充滿趣味與生氣；而你家青少年此刻的嘴臉也絕非他的全貌。解救自己，就是在當下把自己從狹窄的憤恨轉移出來。

當然，我們的憤怒依然存在，但絕對不會愈滾愈大，只要避免死纏著憤怒不放，它就只能無聲無息停在一個角落。而一段時間過後，會發現已經有能力處理那股憤怒，便能好好思考接下來該怎麼做才好。爸媽都會明白，其實自己的心靈只有一小部分受一點傷而已，很大一部分還完好健全。

- **不易碎材質的心臟：**聽到青少年無腦歪理、面對他們隨時都想打辯論的惡習，爸媽若還堅持把「自尊」當成必備品，天天都要拿出來保養，那麼一定有機會被青少年打碎敲亂；如果堅持一定要供養自己的自尊，那麼就先換上一顆不易碎材質的堅韌心臟吧！如今，我練就一種神功，就是自動暫時收起自尊，呈現無心無腦狀態，無須立刻處理青少年的即興歪理之作。

- **到同溫層取暖取智取法：**很容易受傷的爸媽絕對要有一群也有青少年孩子的朋友，大家都有類似的「受害者情結」，沒人比他們更了解你的苦衷，所以要備有口袋人選，跟他們取暖，你會覺得一點也不寂寞、甚至沒什麼好苦；跟他們取智、取法，集思廣益，或許真能找到奇招制服奧客。

16 天下無「是」的父母？

青少年對父母的滿意度都很低，
他們總是拿放大鏡檢視大人的言行，大人當然很難及格。

青少年眼中的爸媽是何模樣？我隨便做了一點田野小調查，問問身邊的青少年。

「我媽天天都在罵人，我覺得她應該有需要看心理醫師！」

「我爸非常不以身作則，他每天都叫我不要玩手機，但家裡玩最兇的就是他！」

「被打過五次叫屁啊！我少說被打過五百次了吧？」

「考不好手機就被沒收，一點都不講理，她來考考看，我看她手機直接賣掉比較快！」……

十個青少年有十個都看自己的爸媽不順眼，所以哪天要是我無意間聽到朋友傳來關於我孩子指證我的罪狀，大概也不用太意外。這證明，我家小子是正常不過的青少年。

而我，雖然很難登上模範母親的寶座，但也是正常不過的一位青少年媽媽啊！

天下無不是的父母？錯！對如同奧客的青少年來說，答案剛好一百八十度大翻轉，在他們眼中，天下無「是」的父母。研究顯示，青少年對親子關係的滿意度，普遍比爸媽的感受低。原因是，爸媽畢竟比較成熟，同時也走過來時路，比較容易轉換角色去體諒孩子，對孩子就是有一份「天然愛」的爸媽，往往更容易記住孩子可愛與討人喜歡的時刻，因此比青少年更容易在親子關係上歸零。

青少年可大異其趣，一個沒有人生歷練的青少年若是有慧根，懂得體會父母的愛與付出，那不是爸媽上輩子有修過，就是孩子上輩子欠了債。有句話，養兒方知父母恩，我們不也是時候到了才修得智慧嗎？所以，認清一個事實，青少年看待爸媽的眼光就是難以客觀，不論爸媽怎麼做都不對，因為爸媽就是帶著原罪。

其實，青少年不是只對爸媽挑剔刻薄，心理學家艾爾楷說青少年有個特徵：他們都是「別人不可以犯錯、自己卻可犯錯」、「我不會有錯，如果有錯，統統都是別人的錯」的偽善分子、極端的理想主義者，因此「嚴以律人、寬以待己」，特別在這個時期一心想要對抗大人的世界，所以青少年都是拿著放大鏡來檢視大人的言行，大人當然很少能夠及格。

青少年還有個特徵，就是把現象誇張化。回頭看看剛才我的訪談，青少年怎麼形容爸媽的？「天天」都在罵人、被打「五百次」、「手機直接賣掉比較快」……，哇塞，青少年把爸媽都看成了躁鬱症患者吧！原因在哪？有研究顯示，青少年高估了爸媽對他們的期望值，因此爸媽是他們極大的壓力來源，面對壓力源，正常的反應就是醜化他、妖魔化他，因為光是如此做就可以達到紓壓療效。

如果我們把青少年當成「奧客」，那麼認定爸媽「期望很高」的青少年當然也覺得有理由把我們當成「慣老闆」。因為你才唸他「十分鐘」，他就會說你「從早到晚」都在罵；你要求他「數學起碼考及格」，他的解讀可能是「給我考個前五名」；你要他「做功課時不要滑手機」，他可能跟同學說「我爸媽都不准我用手機」。

爸媽一定喊冤啊，我們哪是什麼慣老闆啊？想要在這個矛盾時期全面洗刷罪名並不容易，但卻絕對可以減緩對立。既然，奧客們都會自動提高我們對他們的期望值，那麼，我們當然就不要太過強調高標準以及太過頻繁的拋出高期望，更不適合緊迫盯人，最好的做法就是以退為進，跟他們談未來，讓他們能憧憬自己的目標，我們掌握大方向就好。

青少年不會二十四小時都把爸媽看成慣老闆，總還有對我們閃出孺慕之情的稀珍時光。好好把握這些良辰吉時吧，不要害臊，一定要適當表達我們的愛、接納與寬容，在孩子願意打開耳朵的時候，簡單而清楚的點一下可能被他們扭曲或誤解的事情，讓孩子有機會貼近父母善的出發點與愛的心意，彼此的認知落差絕對可以降低。

17

增加新配備：透視眼＋第三隻耳

面對孩子的偏差態度與行為，特別是突然的改變，爸媽要用心釐清背後的原因，捕捉孩子怒吼悲鳴外的真實心聲。

小兒子小學時只補過一科英文，除此之外，沒有學任何才藝，也沒參加任何課後活動，這是因為他把課餘時間都花在自己真正有興趣的地方：養動物、觀察動物，以及擔任青蛙調查志工。小學生活不僅平衡自得，更稱得上是快樂小學生代表人物。

兩位哥哥曾多次給他打預防針：「你的好日子不多了，國中你就知道！每一科都很難，而且天天都有考試，一個學期有三次大考，加上藝能科也有大考。」

小子是個不折不扣的「動物控」，每天都花非常多時間觀察動物、研究動物，因此自認上了國中之後最強的科目一定是生物，沒想到二哥潑他冷水：「你以為你喜歡動物，國中生物就會好棒棒？別高興那麼早，到時候你就知道國中生物不是你想的那麼簡單有趣。」

正字標記的快樂小學生上了國中之後到底是何光景？先說做媽媽的變化吧！除了前述要媽媽當盆栽之外，我認清一點，某些時刻，我光是備有一副刀槍不入的金剛不壞之身還不夠，更要委屈自己成為一具心靈的「人肉沙包」，讓小子無處宣洩的壓力有具體而安全的出口。

小子每天放學回來都還眉開眼笑，讓我有一種撿回「貼心寶貝」的錯覺，甚至誤以為他還是個快樂似神仙的爛漫小學生。而且上了國中，孩子還願意主動跟媽媽說說笑笑、聊聊學校，不只是感到榮幸，更深感自豪。哇！我肯定算得上經營親子關係有成的良品母親了吧！

不過，小子一進到書房準備讀書寫功課時，臉上卻突然像打了一陣雷，於是，我便知趣地退到一旁。然而，小子從小悶雷慢慢發展成風雨大作，呼來又喚去：「麻，過來一下，這題在出什麼，我根本看不懂，你來教我！」

看到孩子頭上冒出一堆問號，我當然義不容辭幫忙解決，沒想到三兩下就快被小子轟出：

「你在教什麼啊？我完全聽不懂！」

「我不要用你的爛方法，非常麻煩！」

「你根本教錯了，跟老師教得不一樣！」

「我不要你教了，你出去！」

每當我耐著性子，想要用誠意打動小子時，被數學困住的他彷彿捉到一隻活生生的受氣包似的，竭盡所能地挑我的語病、抓我的漏洞，撂下各種狠話想要給我難堪，逼我直到瀕臨失控，他還不願善罷甘休。

小子上國中之後就像是激烈天氣，問題是沒有天氣預報可參考，一下烈陽當空又忽焉暴雨。有一天他把我激到當場飆淚，我含著冤恨躲進房間想要冷卻自己時才想到：小子天天寫功課都要大鬧一番，一定有原因，是不是壓力太大了？

一個放鬆的週末，我準備了香濃奶茶和小甜點，在吃吃喝喝的開心氣氛中，小子鬆開了心門、打開話匣子。原來，上國中後，他真的覺得非常不適應，每天一打開聯絡本看到落落一長串，頓時就感到心慌意亂，覺得自己絕對完成不了那麼多任務，因此還沒開始讀書，就覺得很煩很累，一肚子怨怒無處發洩。

於是，隔天放學，小子要開始做功課時，我就坐他旁邊，跟他一起把所有要寫的功課、要讀的書一項一項排好進度，幾點鐘要做什麼，幾點鐘要讀什麼書都仔細安排妥當，小子腦中立即像加裝一幅清楚的地圖，所有的進度了然於心，只要按表操課、按部就班就可以完成，頓時安下了心，那如同大鬧天宮的渾氣終於散去。

高年級以上的孩子其實過著非常忙碌的生活，課業繁重，社交生活也複雜起來，他們承受的沉重壓力不輸給大人。所以，青少年偏差的態度下，很可能隱藏著他們沒辦法解決的問題。因此，爸媽若只是捕捉他們表面的偏差行為、把他們痛斥一頓，根本不可能解決問題，甚至很可能錯失解決問題的關鍵時機。

面對孩子的偏差態度與行為，特別是突然的改變，我們要加裝「透視眼」，用心好好地釐清背後的根本原因，再加裝「第三隻耳」，捕捉孩子怒吼悲鳴外的真實心聲，然後陪伴他們一起想方設法，解決問題，度過難關。

18

野生爸媽別出沒，別賣萌

孩子還小時，每秒鐘都巴不得黏住媽媽，永遠是兩位一體，轉眼間小子來到國中，回答卻是：「你不用來。」

我家有個狂愛動物的小子，因緣際會加入了青蛙調查的環保團隊。小時候，每到蛙調的傍晚，小子就擔心我這個討厭摸黑到野外的媽媽不願出門，所以非常勤快地幫我準備背包，裡面有裝了滿水位的水壺、輕便雨衣、手電筒、外套，甚至連車票都記得幫我從皮包轉移過來。在他當時每秒鐘都巴不得黏住媽媽的稚嫩眼裡，野生小青蛙是世界上最可愛的生物，他最親愛的媽媽怎麼能錯過呢？我們永遠是兩位一體啊！

我永遠記得我們有一段彷若出自偉大劇作家之筆的動人對白。

我曾對小子說：「寶貝，媽媽一點都不喜歡到黑暗的森林裡找青蛙，我之所以跟你來，是因為我很愛你，所以我要陪你做你喜歡的事情。」

小子當時的回答簡直讓人噴淚：「媽咪，我之所以一定要你來蛙調，是因為我非常愛你，很怕你沒看到這麼棒、這麼可愛的動物，我擔心你老了就走不動，所以趁你現在走得動，一定要帶你出來看一下！」

任憑孩子都會長大，都會從我身旁離開，但是我始終深信這小子能發出這樣強度的深情告白，絕對和別的孩子大大不同，他絕不可能出現一心想要從媽媽身邊逃去的叛逆青春期。

轉眼小子來到國中，對蛙調的熱度未曾稍減，但現在蛙調當天母子對話是這樣的。一直想找機會靠近小子的深情媽媽單刀直入：「今天我想和你去蛙調喔！」

小子：「你如果忙，沒關係，我現在可以自己去了喔！」

我：「我在家悶太久，也想出去走一下。」

小子：「但是你對這個一直都沒有興趣，不要浪費你的時間啊！」

我：「我沒有浪費時間，我真的想出去散散心，跟你去蛙調也可以換個環境。」

小子：「真的，媽媽你可以選擇做你真正喜歡的事情，你會覺得很無聊的，因為我沒時間理你！」

我：「我不用你理我，我只是想走走而已。」

小子：「那多怪啊，你可能會東管西管的，我覺得很不自在。」

我：「我哪有東管西管啊？我在旁邊跟你沒有任何搭嘎啊！」

小子：「反正你不用來。」

講這麼多，繞這麼久，媽媽不能去就是不能去，不需要像樣的理由。果然啊果然，愈甜蜜的誓言愈脆弱。媽媽盧了老半天，完全不給情面。

以上是事先溝通的狀況，青少年拒絕得又快又精準。但是，在他們不知情的狀況，爸媽出現了會是什麼情形？

七年級學校舉辦了班際直笛比賽，小子那一班在導師認真的叮嚀與陪練之下，據說原本有些意興闌珊的同學也不敢怠慢，比賽前，全班表現得可圈可點，媽媽我當然不想錯過。

不過前一晚小子就出面阻擋：「你不要來喔！」

「為什麼？」

「國中了，沒有爸媽會來看這種比賽的。」

我不置可否，當然心中自有算計。當天，我當然沒缺席，神不知鬼不覺地躲在一根大柱子後面，聽完是滿滿的感動。儘管孩子們課業如此繁忙，卻還努力練習，吹出整齊劃一、優美繞梁的樂音，媽媽我真是不虛此行。我當然又神不知鬼不覺地退下、離去。神計畫完美達陣。

晚上，小子突然問我：「麻，你為什麼今天要來？」

我一驚，馬上辯白：「我？我去，又沒碰到任何人，有什麼關係！而且你說爸媽都不會去，怎麼旁邊擠了一堆家長？」

「所以我同學都覺得很ㄐㄧㄢ ㄐㄧㄝˋ（尷尬）啊！」

是！如果沒有事先溝通，野生爸媽若是隨便在青少年身邊出沒，他們就會面有難色、一心想逃。為什麼？小子不小心溜出了潛台詞：「別人以為我是媽寶哩！很娘啊！」

你以為和青少年搏感情就是要「常在他左右」?打掉重練吧！有事，請預先通知，微服低調現身；沒事，野生爸媽別亂出沒。套在網路上一樣適用喔。

另外，既然出現了，還有一個潛規則，那就是：爸媽別賣萌裝可愛，也別和孩子同學裝熟，很ㄐㄧㄢ ㄐㄧㄝˋ啊！

19 爸媽更藍瘦香菇，三十六計走為上策

要青春小子隔離冷卻，不如自己隔離比較快；
要火爆浪子平靜，不如自己速速離去。

某天夜裡，我獨自一人，拎了單車，在偌大的台北市裡優游闖蕩。從家裡一路飆至已無路可去的河濱公園，然後折返，一路往西暢行，自我放逐、徹底放風、完全放空。

直至中山北路口，才驚覺我已不知不覺從東台北逼近了西台北，於是再折返，一路向東。但是，我從「疾行」改為「徐行」，途中還刻意停在一家永和豆漿店，獨自點了杯冰豆漿、一客蛋餅，磨磨蹭蹭地飽餐一頓，才又在遲疑中上路。兩個半小時之後，我回到家，已深夜一點半。

這是歐巴桑的閒情逸致？是忙裡偷閒？是突發興致？還是突然精神錯亂？記錄這一段，為的是要回應廣大朋友常問我的問題：「你有三個在青春風暴的男孩，你可能天天優雅從容、平靜度日嗎？我們每天只面對一兩個，都被折磨到快發瘋，你，三個，是什麼情形？」

面對三個自認可以獨立，事實上卻又不能對自己負全責；想要自己抉擇卻又完全無

法承擔後果；主張很多卻又判斷力不足；總是想爭取權利，卻又不甘願盡義務的少年郎，你說，我是什麼情形？

我回答：「你們是什麼情形，我就是那種情形×三倍啊！」面對三倍強度的混亂，「為母則強」也會有瓶頸，再強下去，就是大爆炸。所以，在你來我往的大亂鬥中，該戰？還是該逃？我，選擇逃。但不是逃避，不是示弱，更不是懦弱，而是做為媽媽的我，為了防止火上加油，導致火線延燒、全家災情慘重到不可收拾，而為自己設下的一條「撤退線」。

爸爸媽媽一定要有自己的「撤退線」，離開情境，隔離自己，放空自己，然後才有機會平靜自己、整頓自己。一切ＯＫ了，再重回現場。

離家前，我告訴情緒高漲的少年郎：「你們接二連三用粗暴的態度回應媽媽，讓媽媽我感覺很受傷、很難過，我心裡覺得很不舒服，我得離開。」然後拂袖而去。

猶記得孩子小的時候，當他們在情緒失控的高張點時，我們都會用「暫停」、「隔離」的方法，讓孩子移到家中一隅，好讓他們慢慢平靜下來。但現在孩子長得比我還高還大，指著他們的鼻子喝令：「去！請到安靜角安靜下來！」會是什麼畫面啊？恐怕是不動如山，還當場忍不住噗哧一大笑：怪怪，這是哪個舊石器時代的把戲啊。要青春小子們隔離冷卻，不如自己隔離比較快；要孩子平靜，不如自己速速離去！

離開，海闊天空；暫停，還原平靜；媽媽的愛暫時中止，這個年紀孩子的心才有空間慢慢軟化。

隔天，最小隻的鈞鈞主動幫我削好了三個蘋果，湊到我面前說：「馬麻，哥哥他們不是故意的啦，都是荷爾蒙的關係。你不在，他們就知道錯了。」我聽了真的傻眼，又好笑又好氣：「哦？原來是荷爾蒙喔？那你就應該知道將來不要那麼容易被荷爾蒙擺布，免得媽媽氣炸氣瘋。」鈞鈞小子妙答：「這……荷爾蒙的事情，媽，我不能保證喔。」看來，媽媽的「撤退線」不能輕易撤掉啊！

此一時，彼一時，過去孩子們情緒爆走時坐過的「安靜椅」慢慢成了古蹟。家有青春火爆浪子，換成爸爸媽媽要來為自己準備專屬的「安靜角」，當雙方僵持不下時，代表大家的理性腦——前額葉功能暫時關閉，根本沒辦法溝通。但是此時的情緒腦，也就是前面說過的杏仁核，等不及汪汪大叫，逮到機會更要亂咬一通。兩隻瘋狗對峙，若其中一隻閉嘴，那麼另一隻也就沒戲唱了。青春小子當然不會是願意先安靜下來的那隻啊。

我的安靜角就是臥房的床鋪，只要燈關掉、闔上門，小子們就會知道，老媽也是會藍瘦香菇，正在非常努力地讓自己冷卻下來。這，不也是很棒的身教嗎？當然，如果「安靜角」藥效不夠，我就會使出本文一開始的那一招：三十六計，走為上策。爸爸媽媽，勇敢撤退吧，留下，絕對惹事生非、釀成大禍！

20

父母降級，青少年才要升級

父母的最高境界：退化到不再被孩子需要。
巧妙地將能力轉移到青少年身上，讓他們承擔自己的責任。

這一大章的主軸是「爸媽請升級，青少年父母2.0」，但各位讀者有發現嗎？幾篇下來，不是要父母閉嘴、就是要當木頭人，或者不動如山當個盆栽。比起孩子小時候，爸媽食衣住行樣樣呵護、勤教嚴管事事叮嚀，青少年的父母則完全要反其道而行，最好是反應慢好幾拍、笨手笨腳、五體懶惰，這樣的爸媽和青少年最對盤。所以，完美的青少年父母不是升級到2.0，而是降級為「-2.0」（負2.0）。

父母要減能、甚至失能，要隱藏武功甚至自廢武功，而把那減少的、隱藏的、失去的能力，巧妙地移花接木到青少年身上。所以，真正要變成2.0版的主角是青少年無誤。父母的最高境界是——終有一天，退化到不再被孩子需要。因為那代表孩子已鍛鍊成武林高手，藝高人膽大，有能力承擔自己的責任。

段考前一週的週末，小子們都知道家裡有個潛規則，就是要進入「戒嚴」狀態，緊鑼密鼓地完成溫書進度，所以從週五晚上，他們就如老僧入定，各自在崗位上奮戰。

好不容易心神定下，電話卻響起，原來，小子的同學找他打球，我隱約聽到小子一下子說好，一下子又說不行，支支吾吾反反覆覆。掛下電話，我以為小子應當知所進退，沒想到他竟大言不慚地問：「媽，我讀得好累，我想去打一下球！」

看著小子排的溫書進度落落長，一分鐘都得當兩分鐘用了，打個球不是攪亂一池春水？此時，我當然可以理直氣壯說NO！不過，以我和小子多次交手的經驗，每次我決絕地直接下令，即使再政治正確，都必定激起他滿格的恨意，後座力強勁。這一次，我勒住喉嚨，忍住下指導棋的衝動，決心把這個本來就不是我的問題丟還給小子。

首先，我對整個週末幾乎都埋首書堆的疲累小子表達同理與關心：「從週五晚上到現在你都沒有大休息，真的滿辛苦，媽媽覺得比起以前你的定力明顯進步很多，我很謝謝你這樣自律，省去我操很多心！」被肯定的小子臉上立即閃現一大抹微笑。

和孩子搏完感情之後，我非常清楚小子的心門已然被打開，絕對樂意進一步溝通討論。於是，我決定讓他擔起責任，自己來想通到底該不該打球。

「你真的那麼想打球嗎？」

「我真的覺得好悶，很想放鬆一下。」

「那你原來排的進度不會亂掉嗎？」

小子一臉遲疑，當下，他顯然不知道該怎麼辦，當然不敢大聲喊進，爽爽去打球。

我又拋出一個問題：「你要不要趕快重新排進度，或許你有辦法排出一個更有效率的計畫表，就能擠出時間打球。如果排不出來，那你自己會看著辦吧?!」

小子立馬重新規劃進度，東刪西減一些缺乏效率的安排，然後跑到我跟前說：「媽，沒問題了，我都重新排好了，但是，我晚上必須晚半小時睡覺，如果你覺得ＯＫ，我就ＯＫ！」

不對吧，是小子自己覺得ＯＫ，媽媽我才覺得ＯＫ吧？因為書是他在讀的，想打球，又得讀完書，當然得自己想辦法擠出時間，這連上帝也幫不了忙。就這樣，我的焦慮消弭了，他的擔憂化為感激，小子於是興高采烈地大踏步出門。

孩子小時候，我們下一個命令，孩子就一個動作。但是，隨著孩子的自我意識高漲、思考力提升，我們可得從大王的寶座退下，躲到幕後垂簾聽政，因為青少年是學習「擔起自己責任」的黃金期，聰明有遠見的爸媽可要把握機會讓孩子自己去想通事理：為什麼不能這麼做？又該如何解決問題？

直接下令或是威嚇處罰當然快速又有效，但我們會神奇的發現，要讓青少年把爸媽變成敵人的最快速方式就是：噹他、罵他、罰他、Ｋ他；其實倒不如：問問他、聽聽他、尊重他、把問題丟還給他。

要孩子有思考力、有責任感、韌性強，那麼就把球輕輕撥回去，由他來控球。讓孩子有自己的主權，我們有我們的尊嚴；讓孩子學會自己想通事理、解決問題，我們也因此能把一些自己留給自己，甚至關注孩子以外的別人，以及更有趣多彩的大千世界。這，才是雙贏。

第三部

親子端共黃金守則

21

因為很重要，所以講「一」遍

多數時候，爸媽當一名好聽眾勝過當一枚雞婆軍師，
能不說就不說，能少說就少說，抓住關鍵時刻再好好說一說。

幾年前，還是小五生的小兒子跟我討論青少年問題時，曾打了一個非常奇特的比方：「馬麻，我現在看兩個哥哥，覺得他們很像是果凍，既敏感又脆弱；爸媽想要他們乖巧守規矩，你們卻像是小鋼球。你想，鋼球要怎麼放到果凍上，既能震動到它，又不會把它弄破弄爛呢？太近、太輕，果凍不會有任何震動，所以完全無動於衷；但你稍微大力一點點丟下去，果凍就完蛋了！」

「所以，你的意思是……」我張大眼睛等著小兒子「開釋」。

「我是說，哥哥們自顧自當脆弱的果凍，所以就不要太常來翻攪他們，也不要太嚴厲，不然果凍一下子就會稀巴爛，最後把你這顆鋼球也整個吞掉。放鋼球的力道要輕，但不要輕到他們沒感覺，稍微重一點點，讓果凍震動但又不至於破掉；如果你再用力一點點或是一直放一直放，果凍絕對破給你看！」

哇，好有畫面的比喻，我的腦海裡立刻跳出一個圓滾滾、亮晶晶的鋼球，在Q彈

的果凍上ㄉㄨㄞ來ㄉㄨㄞ去的「恐怖平衡」畫面。哇，這是何其高難度的挑戰啊！這意味著要擔任一名堅守原則的「鋼球爸媽」，又不至於傷害到脆弱敏感的「果凍青少年」，這，絕對需要練功。首先要練的功，絕對是「忍」功，不能太常去翻攪「果凍青少年」，否則一下就弄皺一池果凍，以下幾式是基本口訣：

- **靜音模式：**青少年喜歡自己琢磨問題、自己處理狀況、自己消化情緒。請訂定好大原則，如果小錯誤無傷大雅，或風險尚在可承受的範圍之內，爸媽何不裝聾做啞，切換到「靜音模式」，留青少年在蛹殼裡自己掙扎、成長？我們則樂得跳回自己的世界，做自己的事，想自己的夢。此時，沉默不只是金，更勝「鑽石」！
- **多聽少說：**青少年偶爾也會主動提出他們遭遇的問題，但請認清一個事實：即使他們看起來似乎在邀請爸媽出手，但多半還是想要自己想辦法解決。青少年之所以願意說給我們聽，是因為需要傾訴的對象，想得到關心或是鼓勵，他們未必期待爸媽古道熱腸、獻上計策，或直接出手。當然，問題十分棘手嚴峻時，爸媽絕對需要站出來當參謀，但多數時候，爸媽當一名好聽眾勝過當一枚雞婆的軍師。
- **長話短說：**如果情勢已到非得「說清楚講明白」不可的局面，爸媽實在必須一吐為快，那就別再壓抑了。但此時的孩子完全失去聽訓的耐性，大人的嘮叨與壓迫就像惡鬼纏身，若非講不可，請謹守「長話短說」的原則。也別像鬼打牆一樣重複來重複去，對青少年來說，因為很重要，所以請「勿」講三遍，講一遍就好，有智慧的爸媽，知道見好就要收。

・**比手畫腳：**爸媽可能不知道，青少年的耳朵彷彿加裝了一組特殊的「聲音變頻器」，我們的聲音一傳到青少年耳朵裡，就會扭曲放大成尖銳刺耳、高頻高分貝的噪音，讓他們煩躁不已。什麼方法可以讓我們噤聲無語，但一樣能把指令順利地傳達出去，甚至效果更佳呢？那就用手比劃吧！

比如，要青少年收拾一桌子殘局，與其連珠炮狂吼：「你看，一桌子亂七八糟，你是拿炸彈炸過是不是？為什麼都不會主動收拾呢？不要拖拖拉拉，現在就給我收乾淨！」引來白眼，不如拍一下青少年肩膀，引起他的注意，然後用手指指一桌子雜亂，待他會意過來，再吐出極簡版：「請在五分鐘內收好。」就寢時間已到，你覺得一直催促嘮叨比較好，還是乾脆拿個鬧鐘、指著時間給孩子看？

・**只說關鍵字：**如果比手畫腳還不足以表達完整的意思，那麼說出「關鍵字」也勝過一長串指令。比如要青少年記得洗便當，就直接說兩個字「便當」，青少年絕對清楚你要他做的是什麼。能不說就不說，能少說就少說，抓住非常關鍵的時刻再好好說一說，和青少年溝通，爸媽絕對要把這內化為最基本的潛規則。

22

命令不如協商，否定改成肯定

青少年先聽得「耳順」才可能「心順」。
爸媽下指令時避開喝令、否定等方式，會有意想不到的結果喔。

對於「果凍青少年」不要太頻繁攪擾，如果「鋼球爸媽」真要攪擾他們，還要注意下手的力道。以下也是爸媽得重新養成的溝通習慣，絕對能讓鋼球碰觸到脆弱的果凍表面時，巧妙保持他們平整完好的表面，使其有足夠的「自尊張力」來承受鋼球的堅持。

「問號」完勝「驚嘆號」

想下指令或指導棋？前篇說過，爸媽能不說就不要說，能少說則少說，但怎麼可能永遠當啞巴父母呢？非得開口時，你的話中聽嗎？體驗一下兩種下指令的方式：

- **方式1：**「你說要倒垃圾的，現在給我去倒垃圾！」
- **方式2：**「剛才有說好要倒垃圾，現在你方便去倒嗎？」

・**方式1**：「還在打手遊，你已經打了一個小時了，功課都還沒寫，一打起手遊什麼事都做不了，把手機給我收起來！」

・**方式2**：

「你打手遊一小時了，你覺得是不是該去讀書了呢？」

「但我還沒玩好，現在沒辦法停！」

「你還需要玩多久時間？」

「二十分鐘吧！」

「能不能再縮短一些？十分鐘好嗎？」

「十五分鐘才夠！」

「那十二分鐘好嗎？」

「好吧！」

發現了嗎？第一種方式是以「上對下」的口吻直接下令，要對方照單全收，青少年毫無轉圜餘地，在地位上必須認定自己是弱者，得聽命於強者。爸媽會說，青少年是我們的小孩，本來就應該聽命於爸媽，難道這樣有錯嗎？

請感受一下青少年的心理變化，他們或許都認同爸媽的指令內容，垃圾是該倒，手遊當然不能玩得太過分。但慢慢體認到自己是獨立個體、擁有自尊的青少年，在情緒上當然難以忍受自己的地位被矮化，強烈需要爸媽改變「權力不對等」的談話模式。

所以有智慧的爸媽，懂得在下指令時重新包裝，用「協商式的詢問口吻」來代替「強硬式的命令口吻」，把喝令的「驚嘆號」改成有點巧妙空間的「問號」，爸媽會發現，哇！這招非常神奇，不僅不會招來青少年白眼或令人氣結的一言九「頂」，反而換得一個講理又服理的合作夥伴。試試看「問號比驚嘆號更有效」這則鐵律吧！

「肯定句」完勝「否定句」

青少年的行為大人看得順眼的真沒幾個，不自動自發、不會幫忙做家事，手機滑不停、說話沒禮貌，房間搞得像豬窩……，一說到缺點，真是罄竹難書。但優點呢？是不是腦袋一片空白沒靈感了？這代表我們的大腦對家裡的青少年已不知不覺建置了一整組「負面地基」，這會有什麼影響？那就是我們一開口就很難有好話。

看看以下 part 1 的說話方式：

「你從來沒把我的話聽進去！」

「你就是懶，怎樣都叫不動！」

「一進門就開冷氣，你不知道冷氣很耗電嗎？實在太浪費了！」

「怎麼老是這麼粗心？光是看錯、計算錯就十五分了，你不覺得可惜嗎？」

「碗從來都不會好好洗乾淨，你看，上面還有洗碗精，你不知道這致癌嗎？」

再看看 part 2：

「請看著我一下，我相信這次你有聽到我的話。」

「媽媽覺得這件事你做得還不錯，你願意幫我一下嗎？」

「電費實在有點貴，我想你很體貼，會知道盡可能幫家裡省電費的。」

「你再鎮定一點，眼到、心到、手到，也許你發現自己數學還滿不錯的。」

「你好幾次都把碗沖得很乾淨，相信你這次絕對也會洗得很仔細。」

比較一下 part 1 和 part 2 有何不同？如果是你，哪種方式你願意合作？哪種方式首先引發厭煩與排斥？

前者是從「否定對方」切入話題，後者從「肯定」切入；前者讓青少年收到責備與批判，後者使對方感受到激勵與鼓舞；前者讓青少年自覺人格與能力低下，後者則燃起了行動的信心與希望。誰願意一直被糾錯？誰喜歡被人看扁？青少年先聽得「耳順」才可能「心順」，聰明的爸媽開始自我調整吧！

老派客氣不奇怪：請、謝謝、對不起

青少年絕對是世界上最不理性的動物之一，要的不是不偏不倚的道理，而是一種受到尊重的 ful，老派的客氣與禮貌在青少年之間顯得怪異突兀，但是長輩跟他們來這套，卻是禮多人不怪。為什麼？因為青少年會自覺地位提升，心情大好，本來梳不順的毛都會乖乖服倒。請青少年配合或幫忙，加一個「請」字；他們願意遵守諾言，或是事情辦得還不賴，別吝於說一聲「謝謝」。爸媽會發現，怎麼家裡的青少年愈來愈有用，也愈看愈順眼。

比較困難的是爸媽勉強自己跟青少年說「對不起」。即使知道自己有做錯或說錯的地方，一向處在上位的爸媽都很難低下身段開口道歉。然而，這三個字比起「請」或「謝謝」更加神奇，如果爸媽犯錯，願意誠心誠意說聲「對不起」，會發現孩子的肚量竟然比爸媽還大。「對不起」的效果非常驚人，青少年的抱怨瞬間戛然而止！

以上這些方式，讓「鋼球爸媽」能重重提起、輕輕放下，讓脆弱敏感的「果凍青少年」能挺住完好光亮的自尊，果真如同鮮亮平滑的果凍，撐住爸媽堅定不變的要求與家庭必守的規則。

23

開場白決定了是敵是友

想和主權意識漸漸高升的青少年講理，先醞釀出友善情境，爸媽才有機會見縫插針、提點智慧。

一個新興的權力要怎麼來感受自己力量的強大？他們絕對會找一個實力也很不錯的主權來較量一下，這樣才能測知自己的能耐如何，同時也是宣告其地位攀升的最直接有效方法。

青少年不就是一股想要驗證自己強大主權的新興勢力嗎？不甘示弱的他們找誰較量呢？那當然是從小到大權力都壓在他們之上的爸媽啦！

把爸媽當成假想敵有非常多好處：第一，只要證明跟爸媽一樣強大，那麼自己的強大主權便已分明樹立。第二，爸媽常伴左右，呼之即來，權力欲薰心時隨時可以練功。最重要的一點是，爸媽是世上他們唯一可以大膽得罪的對象，因為無論如何地乖張、進犯，手裡永遠握有一張免死金牌，每次都能獲得原諒、重新歸零再闖關。

所以，爸爸媽媽認清了，現在我們的地位很尷尬。當我們千方百計想要跟孩子做朋友，他們暗地裡卻不時把我們當成比劃較量的假想敵；當我們還習慣與他們是上對下的權力關係時，他們早就視自己為平起平坐的主權，如何能忍受像過去一般乖乖豎起耳朵聽我們訓話講理呢？

但是，半大不小的孩子啊，爸媽還有好幾籮筐人生大道理等著好好跟你們講清楚說明白啊！做為爸媽最艱難的就是，明知這些道理就像一包包珍貴而實在的必需品，甚至是補品，對青少年一生的幸福美滿至關重要，青少年卻一包包原封不動地退回。

試想：一個新興主權怎麼可能容得下他的假想敵喋喋不休地訓話講理？當他爭著想出頭天，心裡想的第一件事就是要奪回話語權。所以，在這個時期，我們必須認清一個事實，孩子絕．對．不．想．聽我們講道理，他們可比我們更想表述自己的道理，他們自以為是的道理，甚至在我們聽起來都是歪理的道理。

孩子分明就不是老大，他們的道理就是漏洞百出。我們擔心他們看來不太ＯＫ的不成熟言行，會讓他們受挫、出狀況，會無法圓滿地解決問題。因此，爸媽一定覺得無論如何都得盡責，好好把好道理灌到他們的生命裡。

我也如是想。但是這些年來，從與三個明示暗示聲張主權的青少年交手的經驗得知，如果爸媽一廂情願想自己講個痛快，只會遭到兩種命運：第一，青少年就像蛻變中的蛹，會用堅硬厚實的繭把自己裹住，結果，爸媽想要硬塞進一個字都難。第二種命運就是：只要我們傳達的理念在邏輯上有一丁點站不住腳，或是用字遣詞有任何瑕疵，那麼青少年必定見獵心喜，立刻打槍回陣，畢竟眼見對手出包，當然要把握良機顯示自己壯盛的聲勢與軍容。

青少年跟爸媽之間的關係很奇特，他們把我們當成互比權力的對手，是打辯論的永遠反方，但內心又深深知道，離開我們所供應的有形無形資源，他們什麼都不是。所以青少年和我們是亦敵亦友、非敵又非友，既無法真正平等，也絕難是大對小、上壓下、強制弱的態勢。

不過，當青少年陷入把我們當成較勁對手的情境時，那絕對不是傳達理念的好時機。一個覺得自己應該獲得實質對等權力的主體，只有在對手願意示好、甚至示弱時，才可能化敵為友，敞開封閉的心門。

所以，不是不可能和青少年傳達理念，但首先，一定要擺出一種「ＯＫ，我可能沒你行，你有你的一套，我願意虛心恭聽」的寬容大度，讓他們先感覺主權在握，能暢所欲言，爸媽才有機會見縫插針、見機行事，提點智慧。

對於青少年漏洞百出的歪理，或是他們犯下如同衣服破洞般的明顯錯誤，直接糾錯批鬥、讓他們丟臉難看，簡直就像在他們身上明目張膽丟一顆手榴彈，將立即激起他們捍衛主權的強大火力。

想想看，如果是我們犯錯，希望別人怎麼做？當然是希望對方能巧妙地給我們台階下吧！青少年絕對知道自己有時很不上道，這時候給他們一個台階下，即使他們不至於誇張到湧泉以報，但絕對會願意收斂起囂張的氣焰，此時，再給予適時、力道剛好的提點，那麼絕對能找到機會給他們洗洗腦。給青少年台階下吧，爸媽的第一句話決定了孩子要把我們當敵人還是戰友。試試看這麼說：

「我以前像你這麼大的時候，也做過同樣的事。」
「你爸小時候也這樣，到現在也偶爾還會這樣！」
「如果你知道事情會變成這樣，我相信你也不會這樣做吧？」
「我很了解你的出發點是好的，這一部分我很認同。」
「我很想聽聽你的想法，為什麼這麼做，你應該有你的理由。」

好了，友善的情境已經營造好了，爸媽能說上一點道理的哏鋪好了，相信青少年此時態度一定大轉變。接著，爸媽們可不要見獵心喜，叨叨絮絮不知節制，見好就收吧，否則，狡黠的青少年馬上會看破我們的手腳，下次絕對再難被收買。

和青少年溝通，先通電、再交流；用感性鋪出友善情境，才可能有理性的對談空間。

24

「我相信你能夠……」

老被人下指導棋，青少年只會感覺自己很無能；若爸媽賦予他們信任與責任，就會勇往直前，努力證明自己的能耐。

家裡一小子讀高中時，正值北一女中為了爭取服裝儀容自由而鬧得沸沸揚揚。有一天，我赫然發現我家小子也在臉書上大放厥詞，批判他們學校教官處置服儀的做法。他劈頭就怒氣衝天：「天殺的，快要氣死了……」，接著，總共約一百字的貼文不斷出現激烈的語句：「受夠了不合理的奇怪規定」、「你們拐彎抹角，變相處置，避開上頭的法規」、「這絕非教導學生的校方該有的身教吧？」、「這麼陰險站不住腳，怎麼有資格成為管教學生的模範？」。

快速滑完此篇殺氣騰騰的貼文，我彷彿看到毛頭小子滿臉猙獰，幾乎就要衝進教官室翻桌革命了。其實，這不是小子第一次在臉書上公開批評學校，只不過這次用語特別激烈，我看得目瞪口呆，簡直不敢相信從小隨和溫柔的兒子竟如此忤逆，直想把小子立馬拎來痛斥一頓。

當然，我沒那麼做，因為幾次交手的經驗告訴我，馬上痛擊青少年而不聽他們的理由，下場絕對很慘烈。兒子會把對教官的所有敵意統統轉移到爸媽身上，然後，再把爸媽、教官以及所有看不順眼的大人全都歸為冥頑不靈、不可理喻、不思進步、無法溝通的邪惡威權聯盟。

正當我噤口不語時，孩子的爸也看到了貼文。他臉色凝重，一面用力皺眉，一面把兒子喊到跟前，看來是大勢不妙。我靈機一動，立即跳出來堵住了父子對視。

前一篇說過，和青少年交涉的第一句話很關鍵，決定了他們要造反或是把我們視為同盟。因此，我一邊悄悄用手臂擋了一下孩子的爸，暗示他先別出招，一邊吐出處心積慮思索的第一句話：「媽無意間看到你臉書的貼文，感覺好像你對學校處理服儀的方式不是很認同，發生了什麼事？有什麼為委屈嗎？你願意說說嗎？」

哇，說實在，要心底鬱結的爸媽抑制住教訓毛頭小子的怒火，集結所剩無幾的同理心以吐出這麼一句體貼孩子的話，真的要練過。天天與三隻青少年交手，我是不想練也被逼著練啊！

沒想到，我一講完開場白，小子馬上開始掏心又掏肺，果然是涉世未深很好拐。他一股腦地和盤托出自己抱怨的理由。

小子說，如果進校門時沒把制服外套穿上就會被糾舉，即使拿在手上也不行；但他認為，很多同學怕被糾舉，就在進校門的那一刻穿上外套，一通過校門立刻脫掉，教官明明看到也不會追究，此種規定根本流於形式化。而外套拿在手上沒穿的同學，一樣能證明是該校學生，為什麼要被處分呢？小子認為這一點非常荒謬。

耐心聽完小子的說明後，我覺得也不無道理，於是回應他：「看來，你是有認真思考一個規定的合理性，並非故意忤逆教官。」語畢，小子的嘴角緩緩上揚，眼神裡竟流露幾分感激，接著，他停止了抱怨。

事實上，我欣喜於孩子已有能力去推敲現行制度的合理與否，這代表他的思考力正在躍升。然而，這並不表示做媽的我認可小子在臉書上對師長粗暴無禮。

當小子臉上的線條從剛硬轉為柔和、滔滔不絕趨於安靜，頭頂彷彿罩著一朵祥雲時，我知道是時候出手了。我對小子說：「你果然有幾分你的道理。」接著話鋒一轉：「但是，如果你能少一些情緒性的字眼，客觀陳述，我相信，別人更能接受你的想法。」小子眼睛睜得圓亮，默默看著我，但眼神裡沒有半點反抗。

最後，我對他拋出充滿信任與肯定的期許與祝福：「我相信以你的思考力，絕對有辦法想出最能讓對方接受的表達方式。」小子非但沒感受到一丁點的屈辱，反倒覺得自己任重而道遠。

我的旨意絕不在「不戰而屈人之兵」，要小子認輸認錯，而是激勵小子看見自己有改變的需要、並相信自己有能力做得更好。青少年少不了有我們看不順眼的地方，我們通常劈頭就想下指導棋，於是很習慣這麼切入：

你應該……

你最好……

你必須……

何不換換充滿激勵的說法：

我相信你能夠……

我知道你有能力……

我期待看到你……

老被人下指導棋，只會感覺自己很無能，但是被人賦予信任與責任，就會勇往直前，努力證明自己的能耐。正在尋求自我認同的青少年當然熱中於證明自我，以免辜負看重他的貴人。

當晚，我剛好讀到一篇探討「何謂成熟」的文章。德國人認為一個人有勇氣大聲說出自己獨特的見地，不怕遭人抨擊，就是成熟的表現。但是日本人剛好相反，他們認為即使自己的意見再對，都要顧及群體的和諧，如果自己的想法和群體的和諧與利益有所衝突，就應該忍讓，這才是成熟。

到底哪個才是真成熟？文化的不同，造就不同的思考模式，所以沒有標準答案。我把這篇文章貼給小子，希望能引導他用不同的角度來思考，再融合自己的經驗與別人的反應。我確實相信他能自己摸索、調整出適合我們這片土地的成熟表達方式。

25 變成省話一哥、沉默一姊只是剛好而已？

有時候孩子只是單純分享生活點滴，
爸媽一不小心就把親子聊天變成落落長的獨角戲……

青少年處處都在大轉變，爸媽每天都像在觀賞驚悚片，很難壓抑自己「正常」的反應。而突然變得敏感多疑的青少年又會自動放大爸媽的反應，所以，幾句詢問，就會被青少年聽成「審問」；稍微靠近，他們就覺得爸媽緊迫盯人。

因此，一般青少年面對爸媽自然就會出現「3不」反應：不想說、不多說、不知該怎麼說，總歸一句：BJ4（不解釋）。因為覺得爸媽處處想打探隱私，所以不想說；又覺得爸媽老愛評判，所以不願多說；再者，因為表達能力未臻成熟，所以不知道如何開口。如果覺得爸媽嚴格難纏，那麼孩子還會多上一個「不」——不說真話。他們隨時都可能用「3不＋1不」封閉溝通管道。

你家的省話一哥、沉默一姊，到底無言到什麼程度呢？依據眾多爸媽提供的線索，按嚴重程度依序為：

- **面無表情**等級
- **聳肩、點頭或搖頭**等級（有加上一點原始肢體反應）
- **二字經（還好）和三字經（不知道）**等級（有發出聲音）
- **避重就輕「選擇性」回答**等級（已有進入對談狀態）
- **有問就有「簡答」**等級（願意回應每一個問題）
- **有興趣就「知無不言」**等級（親子雙方進入交流狀態並能享受交談樂趣）
- **主動發起話題並且投入對談**等級（爸媽已有榮幸被孩子納入友邦）

至於，親子之間在此時期是否能達到知無不言、言無不盡、無所不談、談到欲罷不能的「靈魂夥伴」等級呢？目前我還沒有蒐集到任何個案。

為什麼家裡的酷哥靚妹和我們話不投機半句多？根據青少年的說法，爸媽最常撒下這幾道「陰影」，讓他們退避三舍。

三句不離成績

「我爸媽非常狡猾也非常笨拙，他們每次都會先假好心問我想吃什麼、在學校怎麼樣，然後幾句話就露餡，因為他們一定會扯到我最討厭的話題，書讀得怎麼樣啦、考幾分、第幾名啦！」

「喔，好假掰，最好他們是真的關心我！」

「爸媽心裡想的，就只有成績。我不想和他們多講話也是剛好！」

青少年偵測對方心意的天線已經升級，所以和爸媽談個三五句，立馬就能掌握到真實風向，發覺苗頭不對，當然溜之大吉。爸媽們，要不要掐住自己的喉嚨？無論再怎麼焦慮擔心，如果真的想要保住關心孩子的暢通管道，那麼首先告訴自己：別老是只想談成績，更別太常嘮叨督促、威迫孩子用功。

聊天最後變成單向訓話

「我只是跟他說我們班某某某開了個黃腔，全班笑翻，我媽就開始嚴肅起來，一直說不要被他影響，做人要有格調，如果同學太過分要我跟老師反映，劈里啪啦一大串，有這麼嚴重嗎？」

「跟我媽說班上誰和誰已經變成一對，我媽就以為我也想談戀愛了，交代我千萬不要在讀國中時談戀愛，高中最好也不要，因為會影響讀書，而且通常不會成功。拜託，她有沒有想太多啊？」

「跟我爸媽聊天？我聊電動，他們說浪費時間，我聊韓國偶像，他們說沒營養。而且他們很愛轉移話題，說誰誰誰家的小孩都不打電動，也不會上網一直追星，有時間就閱讀，所以語文程度比我好很多，然後就開始一連串責備，說我為什麼有時間不做別的事，你說怎麼聊？」

以上描述擊中你了嗎？事實上，我也常劃錯重點，一不小心就把親子聊天變成落落長的「獨角戲」。有時孩子只是單純分享生活點滴，但是爸媽好像很難放鬆，總像個敬業的檢查員，不停從孩子的描述中檢核他們的思想、習慣、信念、行為，一旦和我們固有的想法有出入，就忍不住跳出來規勸與糾正，最後像是發表就職演說一般，變成又臭又長的單向訓話，這麼一來，哪有青少年不落跑？爸媽變成拒絕往來戶只是剛好而已。

笨爸笨媽愛提當年勇

這個不必問別家少年了，我家小子明明白白點出我的老毛病：「媽，你很愛講你北一女怎樣怎樣ㄟ！」哇！果然我是當局者迷，自我感覺太良好。

看到小子們跟我當年差不多年紀，卻不如我自動自發，懂得自我管理，且手腳不靈活不會做事，常恨鐵不成鋼，像順口溜一般，我脫口就是一段段今非昔比的怨嘆調：

「我以前像你們這麼大的時候，只要自己規劃好目標，就會百分之百的執行，每天按照進度讀書，外婆根本從來沒管過我。而你們呢？」

「我沒有因為努力讀書而笨手笨腳，你媽在你們這個年紀的時候，擦地洗窗刷馬桶，樣樣都會做，完全不用外婆插手，而且即使上學，也是天天幫忙做家事，沒有任何藉口。而你們呢？」

「你們真是生在福中不知福，我跟你們一樣大的時候，不要說出國，連離開台北都難。知道爸媽賺錢不容易，根本不敢隨便亂要錢，還會想辦法賺錢。而你們呢？」

「而你們呢？」「而你們呢？」「而你們呢？」一句句激問，真能勾起小子們「知所不足、起而效尤」的決心嗎？

這樣想吧，如果一個老是考第一名的同學開口閉口就喊話：「喂，能不能跟我看齊啊，用功讀書考個第一名不行嗎？」聽到的同學會有什麼反應呢？小子跟我說過，班上還真的出現過此等張狂人物，同學們於是豎起大拇指連聲恭（攻）維（圍）：「喔，你好棒棒喔！好棒棒喔！」

老談成績、批判孩子的興趣價值觀、喜歡訓話、倚老賣老、愛提自己的豐功偉業，以上你犯了幾樣呢？只要重度犯上一項，青少年就把我們打入「拒絕往來戶」了。

青少年比任何人更容易升起防衛之心，爸媽得非常留意自己的言行，否則他們隨時都會用「3不＋1不」封閉溝通管道。因此，面對青春期孩子，先別談教養，第一步是營造讓孩子感到放心的氛圍，讓他們願意在爸媽面前適度開放自己、安心自在做自己。

26

哪壺熱，提哪壺，從孩子感興趣的談起

和不同世代的孩子如何開啟共同話題、深入交談？第一步就是對他們感興趣的新世界下一點工夫研究。

如果我來評估咱家小子願意和父母交心的程度，他們大多還能達到「有問就有『簡答』」的等級，而對於感興趣的話題，則能暫時遺忘「和爸媽分屬不同世代」這個現實，能像好友一般和我們深入交談。

偶爾，小子們心血來潮也會自動挑起話題，於是，小學時期那個開口閉口「馬麻，我跟你說喔」的親密寶貝又重回身邊，在此天時地利人和之際，爸媽當然要識趣，避開地雷話題。然而，這麼做顯然不夠，如果我們對他們感興趣的題材一無所悉，談話變成了青少年獨腳戲，他們很快就會證實「爸媽果然不夠上道」，立即將我們打回冷宮。

所以，爸媽想要和青少年繼續有話聊、聊得深入，甚至有點野心想和他們交心，那麼對他們感興趣的新世界就得做一點功課。

哪壺熱，提哪壺

爸媽若平常不涉獵孩子感興趣的領域，怎麼和他們搭上線？更遑論聊得起勁。比如他們喜愛的偶像團體、超夯的動漫……，青少年只要進入自己有感的話題，絕對是「六親不認」的，此時他們必定會忘了我們是誰，只顧暢所欲言。

比如，我家小子很喜歡導演克里斯多福．諾蘭的電影，為了和小子多一些交集，我硬是把這個導演的「蝙蝠俠系列」一口氣看完。我一直以為那不過是打打殺殺的英雄片，不屑一顧，沒想到看完後深深被極有哲學內涵的劇情打動，於是乎，跟著孩子繼續看了該導演的「全面啟動」、「星際效應」、「敦克爾克大行動」等。

每次看完，都非常佩服導演縝密的編導功力，不由自主就和小子們熱烈討論劇情、寓意、場景、布局等。事實上，在此熾烈的時刻，連我也忘了自己是孩子的媽，只感到自己和一群同好深度交流著。我不得不說，我不僅從高高在上的父母角色退位，有時反倒覺得受之於孩子的啟發更多。

如今，做爸媽的我們，毋須可憐兮兮地追著小子討看電影了，小子們大約覺得我們算是他們引進門的得意門生吧，只要覺得片子不錯，竟然都會主動邀請我們一起觀賞，觀影後總能愉快而深入的討論。能受到青少年主動邀約，我胸前彷彿被安上了一枚亮晶晶的「優質父母勳章」！

談笑用兵勝過聖賢道德

有一天，我和小子聊到學校哪一個老師最受歡迎，小子不假思索說某某老師，我非常驚訝，因為這個老師是有名的嚴師，怎麼可能受學生歡迎呢？小子毫不猶豫地回答：「但是她非常幽默啊！」原來，對青少年來說，老師可以嚴格，但是不能不幽默。難怪補教名師的共同特點都是，上課絕不冷場、笑話連篇，但卻對學生嚴格監督，學生都吃這一套，乖乖買帳。

爸媽有機會大概也都需要觀摩一下補教名師獨門的笑談用兵法。諄諄教誨對青少年來說太沉重，幽上一默再搗入核心，才能不動干戈而和平落幕，看來多準備幾則笑話勝過搬出聖賢道德。

比如，看到孩子天天花一大堆時間弄頭髮、搭配衣服，劈頭就罵：「每天花那麼多時間搞這些，難怪成績那麼差！」倒不如笑笑：「雖然媽媽我也覺得我的女兒真是個大美人，不過，聽說頭皮下的東西比頭皮上的還重要喔！」

又如，擔心孩子常常熬夜上網，毫不拐彎地怒斥：「每天這麼晚睡，上課怎麼專心聽講？難怪成績這麼差！」不如藉由「玩笑」來包裝：「兒子啊，你長那麼帥，真是迷死人！但是如果以後你喜歡的女生嫌你長得不夠高，不要怪我喔，因為我老早跟你說過，最好在十一點以前入睡，否則就等著當矮子喔！」

找到引發談興的「黃金熱點」

一連煮了五天的飯，週末我絕對放自己一大假，同時，老子小子一連吃了我變不出太多花樣的飯菜，大約也很膩，所以週末就到附近打牙祭。

最常光顧的幾家店裡面，我發現有一間具有引發咱家小子高談闊論興致的黃金熱點──摩斯漢堡（抱歉，這是陳述事實所需，絕非置入性行銷），只要小子們在該處用餐，平常懶得跟我說的學校號外、同學八卦、老師評價，紛紛出籠，有時熱烈到需要我如同交通警察一般舉手指揮，「你先說」、「先聽他講完」、「好，現在換你」，一整個忙碌。

我無法得知這家店有何魔力能鬆開小子們的喉頭，但是，我知道，對於青少年來說，就是有一些場所，或是特別的時段能讓他們放鬆自在，爸媽都需要去開發一下，這會讓不斷感受失落的我們，神奇地找回身為爸媽的重大價值感。

對於「吃貨」，準備好吃好喝的就對了

大部分青少年都是「吃貨」，因為正處於發育的階段，大多抵抗不了食物的誘惑。有些對吃特別感興趣的孩子，一遇上好吃好喝，馬上就打回「兒童版」原形，好哄好騙好天真。此時，毫無戒心，坦誠以對，吃後吐真言。生到這樣的吃貨，若想刻意拉近距

離，準備好吃好喝的絕對上鉤。

我家也有吃貨，果然是，餐桌上如何的心滿意足，親子間就如何的水乳交融。此時，我就會巧妙的「夾帶」重點：「乖兒子，等會兒吃完，把房間收一下喔！」孩子毫無怨言，欣然接受。

27

與青少年的平行宇宙搭上線

親子互動的話題別再繞著自家青少年，

其實從明星八卦可以聊出內心祕密，還可在新聞事件偷渡人生義理。

爸媽不必期望始終能當家裡青少年的哥兒們、姊妹淘，因為他們非常清楚，爸媽總想灌輸他們人生大道理，告誡他們什麼是康莊大道，正宗的哥兒們、姊妹淘不太會做這樣的事。再加上我們對他們新世界裡的各種新事物多半不熟悉、不擅長、不感興趣甚至不認同，怎麼和青少年搭起友誼的手？說穿了，「我看青少年多違和，料青少年看我亦若是」。

有個媽媽跟我說，要我也去琢磨他們的興趣？「我女兒迷同人誌耶，把自己打扮成動漫人物，奇怪假髮一頂頂，迷你短裙一件件，像毛毛蟲的假睫毛一條條，有事沒事就來個同人誌網聚，各路狐媚紛紛出籠，我不反對就已經很客氣了，還要我一起迷？」

「我孩子看的輕小說，每一本封面都大爆乳，名稱一長串怪異得讓我覺得根本帶壞小孩，我是眼不見為淨，不支持但也不反對，這已經是我的底線，還要我一起讀？」

「跟兒子一起打電動？我是他眼中的老人，他覺得跟我打很 low，別害他被同學笑。」

和女兒聊明星八卦最易上手

看來，不是我們忍受不了孩子的興趣，就是被孩子硬生生擋在大門之外，那要怎麼「哪壺熱提哪壺」呢？好吧！不打「興趣戰」，就試試別招。成功的親子互動都有自己獨特的話題，但失敗的互動都很相似，那就是：話題繞來繞去都繞不出自家青少年。

別再繞著家裡的青少年，來談明星八卦、談新聞事件、談奇聞軼事、談街坊鄰居吧！跳過他們，連「標」都不要「標」。

青春期女生最喜歡聊的話題莫過於誰愛誰、誰又不愛誰，情竇初開的她們聽再多愛情故事都不嫌多，就跟她聊聊林志玲為什麼不會和言承旭複合、周杰倫為什麼最後愛的是昆凌。林志玲？周杰倫？且慢！這些名字也太老了，可能得試試時下流行的網紅才有路。不知道網紅？那就開口問，然後真的去看看時下網紅的魅力何在，成為老粉，包準能切進青少年的新世界。

揭露自己的黑歷史，爸媽更有人味

還是打不進青少年的偶像世界？那麼聊聊自己吧。同樣的，每個受歡迎、聊自己的爸媽都有動人的故事，但不受歡迎的原因都相似，就是倚老賣老、誇耀自己的豐功偉業。刪掉炫耀文，揭露自己的黑歷史，恐怕比較親民。

談談過去被分手的經驗、暗戀與被暗戀的煎熬、走過與走不過的挫折、被老師嫌棄、被同學排擠、霸凌的不堪過往，青少年才會猛然發現，喔，原來我的爸媽也曾落入凡間、是一個真正的人類。心理學上有個奇妙的現象，願意先揭露自己，多半也能引發對方卸下心房，同情共感下，青少年就直直白白的掏心掏肺了。

在新聞事件偷渡人生義理

和青少年聊天，開門見山就講道理，無疑和 LINE 一打開就是長輩圖的效果差不多。青少年一開始還會「已讀不回」，頻率多了連點開都嫌累。爸媽會說，因為有很多重要的道理要灌輸嘛！偶爾來個長輩圖很是醒腦，可千萬別三天兩頭。同樣的，偶爾來個提點開釋或許還能當頭棒喝，但一開口就是「坐下來，我有話要跟你說……」，青少年會逃到平行宇宙封鎖爸媽。

有個不錯的 idea，就是一起看看光怪陸離的新聞，然後很稀鬆平常地說說自己的看法，再極其自然地問問青少年：「那你覺得呢？我一向覺得你很有自己的見解，我想聽聽看。」被戴了高帽子的青少年，多半都會迷離地在正向鼓舞下發表高見。比如藝人兒子發出恐嚇大眾的言論時，我就找機會讓兒子講講自己的想法。我希望他們能藉此思考做人處事的道德義理，並引以為鑑；另一方面，我也藉由討論新聞事件來掌握他們的內心世界，默默確認他們的思想有無謬誤偏差。

顧問換人做做看

以前都是老子教小子，現在我們不再能勝任孩子的維基百科，他們有自己獨到的見解，有我們追趕不上的知識與能力。不論他們拋出我們難以招架的問題，或是振振有詞挑戰我們，可別對自己的尊嚴掃地太耿耿於懷。跳出既有的親子框架，看看他們跟著身體一起長大的認知能力與躍升的思想吧。此外，他們有更靈敏的科技能力，不會的App、軟體工具，爸媽不恥「下」問，我們會發現「小子教老子」，多半比「老子教小子」有耐心也有愛心。

爸媽動手不動口

別誤會，這不是要爸媽掄起棍棒狠揍青少年一頓，而是提起筆給他們寫寫信。記得咱家一小子在準備會考時，壓力很大，我天天開口鼓勵，只讓他倍感壓力。於是每兩三天，我會在他的鉛筆盒裡塞一張小卡，寫兩三句加油打氣的話，陪他度過煎熬的備考時光。此時期，說不出口或是說不好的、不好說的，就動手寫寫吧！

不過，可別親情大爆發，一寫就是文情並茂三大張，這時代孩子都有「文字密集恐懼症」，可不流行「千」字文，了不起兩百字，超過，就貶值連一個字的價值都沒有，因為，青少年都跳過。

28

我們是合作夥伴，不是敵人

爸媽總覺得自己想得比青少年周到，

但自我主張鮮明的青少年卻不領情，怎麼辦？

一個媽媽氣噗噗問我，為什麼規定孩子作業，回到家一看，孩子總是很難主動完成？最後都得威脅逼迫，好累啊！

「你家青少年有這麼被動嗎？」她反問我。

我家青少年其實一點也不完美，不會因為我寫親子書，就少了人類普遍的劣根性，一樣會偷懶，有時也對該擔的責任不痛不癢。我也好幾次像上述媽媽一樣氣噗噗的責問孩子，但我發現他們常常用一種不以為然的口吻質（頂）問（嘴）：

「媽，這是你的想法，不是我的喔！」

「為什麼要我做這個？我沒有說我願意啊！」

「這是我的事情，不需要你規定！」

「我會自己處理，你可以不用管那麼多！」

為什麼家裡三個青少年都這樣說話？我不能只是生氣，還得進一步了解。於是，我常常把自己化為一名在「特殊部落」裡的觀察員，分析他們的「族群特性」與「語言特性」。終於，我發覺，他們一句比一句令人氣結的語句，「長相」雖不同，但「成分」卻差不多：

- 這是我的事，應該由我來決定。
- 如果不是我的決定，我就不願意配合。
- 如果要我執行，那要用我願意的方式。

因此，我問前述那位媽媽：「請問你規定兒子做什麼呢？」

「我規定我下班回來時，他要完成五頁數學習作。」

「為什麼是五頁？是他自己說的嗎？」

「不是。但這就是規定，是規定就得做到！」

問題就出在這兒了，自我主張鮮明的青少年一聽到「規定」二字就倒足了胃口，因為「規定」代表了「不論我願不願意，都得服從」。但他們開始會想，既然是我「自己」的事情，為什麼不是我「自己」規定「自己」，而要別人來「規定」呢？

爸媽這個「古老部落」當然也有著根深柢固的「老特質」：

「因為他們根本不會主動自我負責啊！」
「因為他們根本不知道要做什麼啊！」
「因為他們自己也想不清楚怎麼做比較好啊！」
「因為我們爸媽總是想得比他們周到啊！」

發現了嗎？這一個比一個更焦慮的想法也都差不多，那就是爸媽多認為：

- 青少年不可能體認到「自己」要負責。
- 爸媽不相信青少年有能力處理好自己的事情。
- 爸媽絕對比他們想得周到，所以聽從爸媽規定很合理。

看來，青少年和爸媽這兩個部落，就像兩條平行線，沒有交集。我們來想想，怎麼把兩方自各表述的「成分」融合在一起：

- **尊重青少年「自己」做決定：**親子雙方都清楚事情是孩子「自己」的，要認同、尊重「由他自己來做決定」這個前提。
- **爸媽從旁引導：**「想法更周到」的爸媽可以引導「見識有限的孩子」去想想，不同選擇會有什麼不同的後果，問問他們：「這樣做的話，結果會怎樣呢？如果換一個方式，結果又會怎樣？」

此時，他們的大腦很自然的就會顯出不同畫面供他們參酌比較，腦袋產生了畫面，就順勢問問他們：「你喜歡哪一種結果？你自己決定。」

這一句「你自己決定」頗具神力，能完全滿足青少年族群伸張主權的強烈需求，但其實他們的自我決定，根本是「經過大人引導之後」的「自我決定」。大人不就能放下疑慮，孩子也能微笑接受。

- **讓孩子自己願意負責**：既然孩子自己決定了該怎麼做，就會很清楚沒有做到的話，會有什麼樣的後果。比如數學作業沒寫完，那麼到學校就會被老師盯得滿頭包，誰也無法代替他承受。當然，有多少爸媽能那麼瀟灑？好吧，如果爸媽就是做不到大膽放手，那就別忘了進一步「約定」：萬一做不到，該怎麼辦？

同樣的，別只是爸媽單方面的去「規定」，而是要把「規定」有技巧的化成雙方都點頭的「約定」。

問問他們：「如果你做不到該怎麼辦？有什麼方法可以幫助你約束自己？」讓孩子「**自己**」去想想，想不出來，爸媽可以試著給孩子兩三個方案：「好，如果當天沒寫完數學作業，那就寫完了才能睡覺」，還是「隔天到學校補寫完，才能回家」？最後依然用這句「**你自己決定**」做漂亮的收尾。

讓孩子自己體驗什麼是好的決定，也親身體驗做不到約定的苦果，他們必能學會為自己負責，而且是心甘情願的為自己負責，不是為爸媽負責。

回到剛才的例子，學習是孩子自己的事情，媽媽硬性規定寫五頁，絕對引來孩子一肚子怨念：

「為什麼是五頁？我沒辦法一口氣寫完五頁好嗎？為什麼是你回來前我得寫完？」

好吧！以「尊重青少年由自己決定」為前提，那就問問他們：

「你的決定是什麼？」

孩子有可能回答：「我只想寫一頁，而且睡覺前寫完就好。」

此時，不是對「想得不深不遠的孩子」發火，而是一步步牽著他們去思考為什麼不能只寫一頁：

「如果進度趕得上，當然寫一頁ＯＫ。但你們一個星期有十五頁功課，扣除週末，只有五天可以寫，你一天寫一頁ＯＫ嗎？你覺得一天寫多少頁，才可能跟上進度？」

「這還用說，當然是三頁啊！但有時候考試很多，我不可能每次都能完成。」

「那考試很多的話，你覺得要怎麼做？」（**繼續拋問題，引導孩子做出最好的決定**）

「我怎麼知道？」

「這樣好了，我想到兩種方式，第一，無論有多少考試或功課，你一回到家就先完成三頁的進度；或者，第二種，考試比較多的時候，你至少完成一到兩頁，有空再補寫

沒完成的。這兩種方式，你想怎麼做？」（**引導孩子思考不同選擇**）

「當然是第二種，考試很多的時候，完成一頁就偷笑了。等考試比較少那天我再來補寫。」（**引導孩子「自己」決定並心甘情願執行**）

「如果到了週末還是沒有完成，該怎麼辦？」（**引導孩子為自己的決定負責**）

「那就犧牲週六上午來補完進度。」（**孩子清楚要承擔最終後果**）

Bingo! 兩條平行線終於有了交集，想法融合為一。爸媽和孩子本來就不是敵人，而是合作夥伴；意見不同時，重點不在爭輸贏，而是試著一起解決問題。

和青少年一起解決問題是很過癮的事情，因為，我們會發現他們真的有思考能力，能解決問題。被賦予權力的青少年會非常願意執行自己所做的決定，不斷透過自己的決定來完成任務，就會愈來愈有自信，也愈來愈有榮譽感，這就是「增能」，青少年因此邁向成熟。

第四部

親子諜對諜，關於學習與3C的精采對手戲

29 學習旅程不浪漫，爸媽聰明當推手

「快樂的初體驗」對成功的學習是必要的。但學習難度勢必不斷增加，如何讓孩子守住最初的熱情，持續產生動力？

每天晚上總是從鄰居不斷飄來悠揚的琴聲，兩三個小時毫無間斷，聽得出來練琴者非常有毅力，因為整晚我們只聽到來來回回地練習同一首曲子，甚至只重複一小段落。琴音裡有著豐富的音階、琶音、升降音、裝飾音，而且練完鋼琴，就練長笛，於是我猜應是音樂班的學生。

跟鄰居聊起，果不其然，那練琴者是附近唯一讀音樂班的孩子。某天散步時巧遇這女孩，於是我湊前表示佩服：「是你在練琴吧？你彈得真好，我很佩服你那麼努力的練習，很不簡單。」

女孩靦腆一笑。

我問：「為什麼你能每天不間斷的練習？辛苦嗎？」

女孩微微抬頭，看來些許害羞但閃著堅定的光彩：「每天練琴真的很辛苦，但是我很喜歡。」

「不會有一天突然想偷懶嗎？」

「我好像習慣了，雖然練琴真的很累，有時也想休息一下，但是休息好了再回去練，然後一直練、一直練，總能練到熟。我很喜歡把一首曲子練到很熟的感覺，因為那時候就一點也不辛苦，反而覺得非常快樂。因為已經練熟了，就能把感情都融進曲子裡，就會很享受，我就會更想彈琴，有時彈到都停不下來。」

「你國中了吧？」

「沒有啦，小六而已。」

我很驚訝，眼前這個小六的孩子，用她不多的人生經驗，為我闡釋了關於學習的完整歷程：

湧現熱情↓樂在其中↓遇到困難↓努力突破↓深入這項事物↓更喜愛這項學習↓投入更多心力↓遇到更多困難↓更努力突破↓更精於此領域……（不斷循環、不斷進階，而終至達到專業）

專研人生成功究極能力的麥克阿瑟天才獎得主安琪拉．達克沃斯在其著作《恆毅力》裡提出：「要下苦工之前，先學會玩！」這意味著一趟成功的學習之旅，絕對是從「有樂趣」開始。

我也觀察孩子是如何發展潛能的，他們會出於自由意志，在豐富的環境中搜尋自己的「學習目標」。當他們的天賦潛能對準了一個適合發展的事物時，便會像談戀愛一般，深深著迷，不可自拔地投入其中。

此時，孩子會在同一件事情上埋頭苦幹，重複的做、不停的做、專注的做、快樂的做，不用狼爸虎媽威逼。這個時候，他們心靈自由、思考澎湃，身體疲累但活力卻飆到最高點。

當他們深深沉醉在自己喜愛的工作之中，他們的大腦會進入一種非常特別的狀況，即心理學名詞：心流（又稱「神馳」），彷彿時間停止了轉動，心裡湧現莫可名狀的喜悅歡愉。

同時，大腦會分泌一種很特別的神經傳導物質——多巴胺，負責傳遞興奮的情緒，當一個人達到「心流」狀態時，便如吸毒般無可自拔地愛上學習。

學習是不是快樂的？孩子對鍾愛事物這般的「初體驗」絕對是快樂的，而「快樂的初體驗」對一趟成功的學習而言，也絕對是必要的。

玩了之後，卻下不了苦工

但是回到前面彈琴女孩的例子，當學習繼續延伸時，難度勢必不斷增加，困境與挑戰必定出現。學習到此階段時，美妙的「心流狀態」便會像是一個難以追求的夢中情人，遠在天邊，只有想方設法努力追求，才可能再次遇見。於是，學習過程就不再是簡單的「快樂」二字。

許多孩子在下苦工之前，的確都經歷過美好的「喜相逢」階段，但是在學習上的最大難題是：學會玩之後，卻下不了苦工。尤其是進入中學，太多爸媽突然大夢初醒，如果跟著新時代教育氛圍繼續跟孩子強調「快樂學習」，孩子根本難以適應中學繁重的課業壓力，這才發現，要孩子願意「下苦工」根本苦無對策。

進入「下苦工」的階段後，學習一點也不快樂，就像我們聽到練琴女孩多數時間來回操練同一首曲子，那如機器播放出來的重複旋律，連聽眾我們都已乏力，何況是她自己？女孩只能狠心威逼自己。

因之，我們必須誠實面對學習的真實本質：完整的學習旅程一點也不浪漫，絕難戲劇性的快樂到底。

這讓我想到一段野史。書法家王羲之曾經教兒子王獻之寫書法，他指著院子裡的十八口水缸對兒子說：「祕訣就在這些水缸中，你把這些水寫完就知道了。」

如《一萬小時的神奇威力》這本書的理論：專精，必須經過一萬小時的錘鍊。但困在十八缸水裡埋頭苦練的少年到底是如何光景？當然，過程一點也不有趣，一點也不快樂，多數時光是一連串枯燥的自我壓迫。

暗暗當推手，陪孩子一關一關過

是什麼力量支撐孩子涓涓滴滴地將池水化為一道道遒勁黑墨？對大多數的孩子而言，天賦潛能所激發出來的追求熱力，絕難支撐他們走完漫長的學習路程。如何讓孩子守住最初始的熱情，持續產生動力，突破難關，最終達到目標，這才是教養上最困難的部分。特別是根本不甩爸媽的青少年，怎麼做，才可能暗暗當他們的推手？

- **將大任務拆成小任務**：引導青少年將大難關分解成小難關，打散困難度。追求自我認同的孩子，最需要的就是感覺自己能成功的「勝任感」，所以，每次引導他們對準一個「小範圍」、「小目標」就好，像是打電玩一般，一次破一關，他們就會受到激勵而願意繼續闖關。這種成就感會有「遷移作用」，讓他們對接下來的目標產生動力。不怕慢，只怕站，一次做一點，總能累積出實力。如果求好心切，一下子塞一大塊又難又雜的任務，青少年就會覺得難以下嚥，絕對全部丟掉。
- **給予胡蘿蔔，送孩子非常想擁有的獎品**：現代的教養學家都堅決反對給予孩子外在獎勵，認為孩子會被誘導成為了獎品而讀書。事實上，到了中學，很多孩子根本已對學習呈現「無動力」狀態，如果有一點點誘因能讓他們願意起步，至少會有進步的可能。而且在得到獎勵的同時，孩子很有機會嘗到「自我精進」的成就感，因而拾起對學習的信心，這才有機會進入良性循環。當然，如果你的孩子生活無缺，該有的早已補好補滿，這一招也枉然。製造一些匱乏感吧，這會促使他們至少先抓到一個明確的目標。

・**推他一把，幫他找到好資源突破難關：**青少年在艱困的課程中幾乎都會碰到難關，不少孩子根本不知道怎麼分析自己的問題，更遑論突破困難，於是便自我放棄。尤其青少年對爸媽的介入很感冒，所以爸媽也束手無策，眼睜睜看著孩子辛苦掙扎。爸媽當然不必親自出馬，但絕對要用雙眼默默觀察、用心感受孩子是否遇到了難關，適時幫忙尋找資源，比如好的指導者、補習班、網路資源等。青少年都很希望能自我肯定，如果體會到有力量能幫他們脫困，通常都願意緊緊抓住這些資源。

・**幫青少年找志同道合、程度一致甚至稍高的學習夥伴：**把重心從爸媽轉向同儕的青少年，願意努力的動力往往很簡單，就是希望得到朋友認同。若是還想不清楚努力是為了將來遠大的目標，又特別喜歡朋友的青少年，可以幫他們找一些志同道合、程度差不多的學習夥伴一起補習、交流，他們會有一種很微妙的心理，一方面互相幫忙、激勵彼此；另一方面，青少年因為想得到自我肯定，又會和好朋友有一種默默競爭的心理，就怕輸給好朋友。這種既合作又競爭的心理，能不斷維持住努力的強度，如果團體裡有一個程度稍稍好一點的朋友，甚至還能形成領頭作用，帶動整體向上提升。

- **留些空白，休息一下：**青少年的課業學習真的非常辛苦，而且一路辛苦就是六七年，這會讓不少青少年有種錯覺，那就是：「我根本不會讀書，也不適合讀書。」就像我在《誰說分數不重要》一書裡強調的，不會讀書不代表不需要努力。但如果孩子只是因為被毫無喘息的爆量學習給嚇到了，那麼，真的要做一番調節。允許孩子稍事喘息，而且也把喘息納入規律的生活節奏之中，爆肝式的密集學習絕對走不遠。

30

要造一艘船，先產生對浩瀚大海的渴望

面對讀書意興闌珊的青少年，不是規定他一定要考幾分，而是先帶孩子看看十年、二十年後的自己，想成為什麼樣的人。

孩子升上國中之後，爸媽不約而同的眼界都變小了，大家似乎「窮得只剩下分數」。孩子回到家，劈頭就問「今天考幾分？」；孩子睡覺前，只剩一個擔心：「書念完沒？」；上學前，最重要的叮嚀是：「上課認真一點！」爸媽的全意識、潛意識裡似乎都灌滿了深深的恐懼：我的孩子不念書怎麼辦、念不好書怎麼辦？

問題是，走過來走過去都押著孩子念書，真的有用嗎？我要鄭重地說：叮嚀孩子讀書是有用的。經過親身實驗證明，玩心重、花招多的孩子，的確非常需要爸媽適時提點，甚至是當頭棒喝，否則真的很容易就迷途難返。

不過，如果要孩子快速放棄念書，那就天天照三餐外加點心宵夜來提醒他讀書，這樣的疲勞轟炸，孩子絕對麻木反感。連環奪命的提醒不絕於耳，孩子腦海裡便自動生出了一個迴路：

讀書＝痛苦

又因為一直喊「去讀書」的人就是爸媽，所以腦海更自動把迴路延伸成：

讀書＝爸媽＝痛苦

這也難怪不少青少年看到爸媽就逃走，因為腦袋裡已生成堅固的意象：爸媽就是痛苦的來源。

自從我悟出這個道理之後，每當看到孩子玩物喪志、忍不住想開罵時，我的靈魂就自動飄移到孩子身上去感應感應。果然，每多聽到一句「快去念書」就會「更痛恨念書」，這股威猛意識流立即貫穿我的靈魂，不由得打了個哆嗦。待靈魂飄回己身後，便封嘴不再嘮叨了。

因為我已充分理解：嘮叨孩子念書超過了一定的頻率，只會有反效果。

難到，看到孩子不好好念書，只能豎白旗投降嗎？

《小王子》的作者聖修伯里說過一段話，給了我閃亮亮的靈感，他說：

如果你想要造一艘船

你要做的，不是請大家一起找木頭、分配工作

也不是下令誰該做什麼
取而代之的，你應該做的是
勾起大家對浩瀚無垠的大海產生渴望

原來，面對讀書意興闌珊的孩子，我並沒有做最該做的事！不是把參考書堆在孩子桌上，也不是下令他幾點到幾點要用功、要寫完幾題，更不是規定他一定要考幾分，而是先帶著孩子看看十年、二十年之後的自己，想要成為什麼樣的人、達到什麼樣的目標。

小子上國一時，原本對數學充滿熱忱，畢竟暑假花了精神先行預習。第一次段考表現不俗，但隨著課程愈來愈緊湊，小子的數學分數如降落傘般直直落，直到有一天考了個不及格，小子終於攤牌：「媽，我對數學沒什麼興趣，更何況學這些將來也沒什麼用。算了吧，我承認我和數學沒什麼緣分。」看來，小子已經準備好走上「放棄數學」一途。頓時我心頭一陣亂。

我回想起，這孩子從小就喜歡研究動物：自告奮勇當保育志工、每個月參加青蛙調查的工作；放假時，死纏爛打非要爸媽帶他到深山裡尋找各種青蛙，橙腹樹蛙、豎琴蛙、諸羅樹蛙，他用超乎我想像的堅定毅力，像是破關一樣，一種接著一種的稀有蛙都被他給找著了！不只如此，他更往天空發展，開始探索各種鳥類，他到福山植物園搜尋帝雉、到大雪山苦苦守候熊鷹……，這股熱情絲毫未曾稍減。

「沒錯！我就是要當一名動物研究員。」小子小學時就堅定的說出志向。這不就是聖修伯里所說的「浩瀚大海」嗎？

於是，我問小子：「你將來還想當動物學家嗎？」

小子很堅定：「當然！」

我再問：「沒有改變嗎？」

小子依然堅定：「沒有！」

原來，小子一直堅定不移地望著自己的「浩瀚大海」啊！我怎麼能不把握這片「大海」，繼續「鋪哏」呢？

於是，我跟小子說：「你知道嗎，當一名動物學家，需要常常做調查統計、做數據分析，才可能進行各種研究。所以，即使數學不需要達到頂尖，但還是需要具備一定的能力喔！」

小子抬頭看著我，若有所思，半晌無語。非常神奇的是，在那之後，不論數學分數如何的起伏，他總是認分的把習作一題題完成，也會主動跟我討論他需要什麼樣的幫助。當然，他難免還是會怠惰，此時，我就再帶著他看看他那片美麗湛藍的「浩瀚大海」，很快，鬥志又回來了。

大部分的孩子都不知道自己為什麼要讀書，所以很難生出動機。我們得常常引導他們去想「為什麼要讀書」，只有清楚知道自己的目標，才會真正主動去讀書；而唯有出於自己的意願，打從心裡想要，才可能有持久又強大的動力甚至戰鬥力。這時候，爸媽任何的叮嚀都顯多餘。

然而，有很多孩子無論怎麼眺望，也望不到自己的「大海」，那又該如何是好？我在《誰說分數不重要》這本書曾提到，對於怎麼樣都提不起勁來讀書的孩子，給一些外在的獎勵來誘導他至少願意接近書本，好過袖手旁觀放牛吃草。不過，在這過程中，我們仍然不要放棄時時帶著他尋找自己的「浩瀚大海」。

我會不會用外在的物質獎勵來鼓勵孩子呢？當然會，不過，我總會寫上一張小卡，或是在紅包上寫一段激勵小語，告訴他們我看到了他們的努力，我謝謝他們願意持續努力，我相信他們一步一步不放棄，總會累積出一定的實力。最後怎麼著？禮物抽出、獎金用完，這一段段鼓勵的小箋會留在他們的案頭，繼續陪著他們朝大海的方向邁進。

31 做不成師生，請保住親子關係

哪個青少年做功課時能容忍爸媽賴在一旁當監察官？
如果不放心，老師一角就換人做做看，爸媽樂當啦啦隊。

「陪兒子寫作業到五年級，然後心肌梗塞住院了，做了兩個支架。想來想去命重要，作業什麼的，就隨其自然吧。」

「我此刻光榮的躺在急診室急救，病因是腦出血，我深刻懷疑就是教小孩寫作業弄的，請不要再讓我陪他寫作業。」

「我每次輔導孩子寫作業都會抓狂，然後爸爸出現了，說，你走開，我就忍氣走開。過幾分鐘就聽到爸爸喊我，說，媽媽，快去找個衣架給我。」

「我是老師，我也是媽，總感覺沒教過比我兒子更蠢的學生，沒辦法，氣急了，就揍一頓。」

以上抱怨文乃出自中國的親職網路社群，充滿張力的劇情，卻是活生生的現場。是什麼事情，讓前一秒還母慈子孝，後一秒就雞飛狗跳？數分鐘之內，溫柔的親媽變後母，慈愛的親爹變暴君？那當然是：爸媽親上火線教孩子功課。

上述還是小學的情景，小學生懵懵懂懂，也可能逆來順受，但是到了青春期，可不是爸媽教不會、點不醒，就可以隨便當場爆炸。因為爸媽的火力恐怕早已不及青少年，更有可能的是，青少年根本不給展現強大火力的機會，他會直截了當告訴你：

「我自己來，我的功課不需要你管太多！」

「你根本亂教，跟老師教的不一樣！」

「你教的我都聽不懂，你根本不會教！」

或許還是有不少青少年依然以爸媽為師，但隨著課業愈來愈艱深，爸媽總有「江郎才盡」的一天。

制定不緊也不鬆的工作時程表

到底孩子上了高年級，甚至是國中以後，還要不要充當他們的書僮，甚至化身為家庭老師？

依我自己陪伴三個孩子的經驗，這絕對沒有標準答案。每個孩子的學習速度不同，成熟度也不同，我家有小子從中年級開始，我已全然放手，但也有到了國中仍需我隨伺在側、傳道解惑；還有一上國中，因課業陡然繁重，緊張焦慮，不知所措。

面對這樣的孩子，每天開始讀書時，我必會請他先撥出幾分鐘，把要讀的書與功課攤開來，然後帶著他仔細安排一個「不鬆也不緊的工作時程表」。如此一來，慌亂的孩子在腦袋裡就會先種下一幅「地圖」，知道今天的讀書流程大約怎麼走。當他按照計畫一項接著一項完成時，就會愈來愈清楚自己讀書的節奏，專注的時間也愈拉愈長，慢慢養成紀律。執行一陣子之後，他們應當就能獨當一面，自己規劃學習進度。

要陪孩子寫作業與讀書嗎？其實這個問題根本不必問，因為哪個青少年還能容忍爸媽賴在一旁當監察官呢？所以，一旦咱家小子們開始讀書，我便很識相地離開，留待他們獨力作業。但是，我一定會請他們先安排好當天的行程表，每做完一件工作就打一個勾，學會自我監督。

做一隻過境鳥，若即若離，定時駐足，適時提點

我也絕非從此消失無蹤。大約每隔一個小時，我就變成一隻過境鳥，默默飛過來關注一下，看是否跟上進度、有無需要協助。如果發現不太ＯＫ，我就會輕盈地駐足一下、適時的噹一下，然後再無聲飛離。既然是過境鳥，孩子會很清楚，媽媽我一定會規律的出現，當然不敢隨便鬼混。

孩子讀書的時候，爸媽您在做什麼呢？有一個孩子跟我告狀，她說她媽媽都是一面

滑手機一面喊她去念書，她覺得這是史上最黑心的催孩子念書法。要孩子心服口服，那麼言教不如身教，身教不如境教，爸媽先安靜下來專注工作或閱讀，就能上行下效、風行草偃，全家都被薰陶成「有為青年」了，讀書的習慣怎麼可能養不了？

擅長的科目放手，青少年要摸索出自己的讀書方法

而到底要不要出手協助青少年讀書呢？孩子擅長的科目，我會大膽放手讓他們自行摸索，比如生物、英文。因為讀書是孩子自己的事，他們終有一天要學會掌握讀書的方法、自行消化知識。但是這等功夫絕非突然之間就能練成，需要不斷琢磨。孩子擅長的科目就是他的領地，他會有自己的耕耘方法，透過這些科目讓他摸索，風險最小，效果也最好。

但是孩子不太擅長的科目，比如國文、數學，我就知道該是出手協助的時候了，爸媽絕不能置身事外。每個孩子的學習狀況不同、成熟度不同、擅長的科目不同，如果不從旁觀察，即時掌握困難，恐怕就錯過了打地基或突破難關的關鍵時刻。

有不少孩子一上國中便覺得學習艱難，因為沒有適時幫他們找出問題、突破瓶頸，於是愈學愈兩光。我看過不少因追趕不上進度，最後乾脆自我放棄的案例。

你的孩子就是你的孩子，別挑戰極限想當孩子的老師

不過，想要出手幫忙青春期的孩子，他們可未必賞臉。每次演講，都有爸媽兩手一攤說，看到孩子的分數慘不忍睹，想問問原因何在，沒想到孩子就衝出一句：「你不要管那麼多！」堵住爸媽的嘴。

我問我家小子：「有沒有什麼要幫忙的？」竟然也被打臉，小子直接看扁媽媽我：「功課那麼難，我看你絕對不會的啦！」我才恍然大悟，在小子們的「萬事通名單」中，我早被除名。

更有一天，小子們很神奇的在國中時突然發出相同的聲明：「媽，我的功課我自己讀，你不要再管任何事！」如果我偏不信邪，硬要闖進他們捍衛森嚴的讀書世界，絕對會賠上最寶貴的親子關係。

的確有很多爸媽跟我吐露相同的心聲，他們的孩子某天突然宣告：「我的課業不是爸媽的課業！」敬告爸媽別再越雷池一步。然而，爸媽從此就能高枕無憂嗎？孩子果真能自我學習良好嗎？不！他們只是「自我感覺良好」，很多時候根本是「圖文不符」。他們聲稱能自己讀，事實卻是還讀不好、讀不通。爸媽看著忽高又忽低的分數，一雙雞婆的手又不由自主想要染指，結果呢？

其慘烈程度可不只是小學生的爸媽教功課教到心臟病發，而是自尊全被青少年踩爛。他們像是帶著強毒的刺蝟，升起數也數不盡的防衛尖刺，一針針刺向好心幫忙的爸

媽，毫不留情。

孩子到了青少年時期，親子關係都已搖搖欲墜，爸媽就別再挑戰極限，硬要扮黑臉當老師。我很早就覺悟了：那就是，和青春期孩子做不成師生，起碼要保住親子關係。

孩子想要自己學，卻還沒準備好，你不敢隨便放手，他偏偏不准你插手，那麼，老師一角，就換個人來做吧。幫孩子找到適合的老師或補習班，黑臉給他們當，極限給他們挑戰；回過頭來，我們就走溫情路線，做個不須燒腦、只管加油打氣的啦啦隊。

更何況，你對孩子有期望就是有期望，你教孩子功課的時候，這種期望更是具體顯現，神人級的爸爸媽媽才有可能透澈領略「你的孩子不是你的孩子」此玄奇高超的境界，在課業繁重的青春期，永遠要全力守護的，就是穩固而和諧的親子關係。

當然，還是有神人爸媽能繼續擔任青春期孩子的老師。但是想要維繫好這艱巨的「師生關係」，也歡迎看看我另一本著作《誰說分數不重要》。

32

你罵我玩手機？你自己滑更兇！

我媽天天罵我滑手機，盯我像是盯賊，
她還不是無時無刻都在滑，我爸滑更兇，他們根本沒資格罵我。

每當在 coffee shop 看到青少年帶著手機溫書時，不多久，總會看到少年們最終冷落了真正的主角——書本，而緊盯著手機，陶然忘我。

一次又一次親睹這些畫面，讓我加深了「手機不是好東西」的印象。於是前些年，我也不自覺地在心裡捏塑了以下堅固的「教養腳本」：

沒人能抵擋得了手機的誘惑，任何青少年盯上手機一定分心、

→盡量別給孩子手機，拖到不能拖再給

→一旦給孩子手機，一定要嚴格控管，絕不手軟

直到某天，我在咖啡廳裡看到一神人級孩子，才開始自我懷疑起以上的「一元化教養腳本」。

自律帶來的自由

在我前桌，約莫是一個國二國三的孩子，他正在研讀公民。課本上有不同顏色的重點標記，旁邊還有一個小筆記本。我觀察他，每研讀一段，就在筆記本上記下綱要，類似一個樹狀圖，井然有序的分類、分枝，每個分枝都有一段提要，他不時回過書本對照內容，做自我檢核。

以我自己過去讀書的經驗來看，這孩子完全掌握了研讀社會科學的方法：先研讀文本、再分析文本、接著歸納，然後以心智圖加以組織化。這麼一來，必定能透澈釐清整個主題的來龍去脈，包括前因、發展過程、後果、影響層面等。這就是把書讀透的基本動作。

不過，最引我好奇的是，他餐桌左前方有一個晶亮新穎的 iPhone，竟然靜靜躺在桌上，這完全顛覆我對一個帶著手機讀書的中學生之既定印象。我禁不住好奇問他：「同學，你的筆記做得好棒喔，我想你的功課一定很棒吧？」

專注的少年郎抬起頭，呆了半晌才回答：「哦……還不錯吧！」

「你旁邊放著手機，怎麼不會想玩呢？太厲害了吧！」

「我是很想玩啊！但跟爸媽說是來準備考試的，所以我規定自己大概每念半小時再看五分鐘。」

「哇！你怎麼做得到啊？你真的能忍受半小時再去碰手機？」

「一開始有點難，不過想到快要考試了，我就會提醒自己時間很緊迫，不要玩手機。而且一旦專注的複習起功課，好像也就忘記手機在旁邊了。我也沒想到是不是三十分鐘了，反正念到很煩就拿起來滑一下，然後想到還有一大堆書沒念，就自然而然把手機放下。」

「你爸媽放心你帶手機出來讀書嗎？」

「因為他們有可能要和我聯絡，所以我不能不帶手機。不過他們有提醒我要控制好，其他就沒在管了。」

「平常在家呢？」

「我爸不准我吃飯時滑手機，全家都在七點半時把手機放在客廳櫃子上，我們去讀書，爸媽做自己的事情。」

「你爸媽也不能用手機？」

「嗯……」

「他們有做到嗎？」

「應該有吧，不過我在房間讀書怎麼會知道。」

和這少年聊完，看到他能如此自律也不足為怪了。上面有著以身作則、身體力行的父母，他是天天親眼習學「自律」啊！更重要的是，他天天都在體會「自律」帶來的「更方便、更有效率、更有產能」。對大多數孩子來說，這門極其困難的「抗拒3C干擾」之人生功課，他有幸提前奠下了穩定的基礎，而他們家必定是「親子和樂用３Ｃ」的最佳典範。

「數位偏見」帶來的「數位代溝」

過去，我曾一度視３Ｃ為妖魔鬼怪，甚至當全天下都已經使用智慧型手機時，我還滿臉驕傲地昭告世人：「看！有誰能像我一樣，還能堅持使用如古董的『按鍵式手機』呢？」

但是當數位世界已成為現代日常、根本無法阻擋時，我才發現，我的驕傲、我的固著，乃愚蠢至極，完全算不上「擇善固執」。

我不能不認清一個事實：現在的孩子是網路原生代，他們鮮少經歷我們這一代「全家圍坐看電視，手上沒有手機、面對面聊天」的生活，每天在網路上過日子和呼吸一樣自然，若是還要面對爸媽每天高頻率、高密度的質疑與唾棄，他們如何能「認知協調」呢？又如何能「服從管教」呢？

我這才開始醒悟：拒絕數位世界、抵擋３Ｃ產品，必定和新小孩扞格不入，這樣的教養腳本已不符時代需求。

「數位偏見」帶來「數位代溝」，而「數位代溝」只會走上一條路——親子翻臉。

全家發起「3C收心操」

從和那位自律的孩子談話中，我找到最重要的一點，也是古今中外所有「有效」教養腳本不可或缺的「以身作則」。要孩子做到自律，父母必定要率先做到自律。

然而，是不是有太多「嚴以律人，寬以待己」的父母呢？在餐廳裡，爸媽頻頻滑手機，根本忘了和孩子「溫暖對視」；回到家，「只滑手機、不看孩子，吃飯必配手機」也成了親子互動日常；甚至，為了輕鬆省事，在孩子學齡前，不少爸媽早就習慣讓手機來充當保母。

手機的出現，讓原本愛孩子的父母不自覺地成為「冷暴力型殺手」，用手機冷冷地殺掉了孩子與生俱來和我們之間的親密感，因為，我們表現出來的，就是「愛手機勝過愛孩子」。

有一個國中生氣噗噗地跟我告狀：「我媽天天都罵我滑手機滑太多，盯我像是盯賊。我根本懶得聽她囉嗦，她還不是無時無刻都在滑手機，我爸滑得更兇，他們根本沒資格罵我！」

不少研究都在關心青少年每天花多少時間上網、使用社群、玩手遊，怎麼沒人想研究爸媽呢？爸媽平均一天花多少時間滑手機？比起孩子，到底誰用得比較兇？孩子怎麼想？認不認同爸媽？其實根本不用調查，我以平日的親身觀察就可以得到結論：爸媽也沒多高明。能切換自如、說放就放的自律型爸媽，實在比青少年多不到哪去。大人都難自我控制，更何況是孩子？那位神人少年郎確實是完美原型，但畢竟是鳳毛麟角。孩子使用手機如何管理？既然多數父母也承認自己做不好，不如全家發起「3C收心操」。

- 吃飯時不滑手機
- 聚餐時不滑手機
- 睡覺前不滑手機
- 外出旅遊時不滑手機
- 全家晚間一起靜心讀書，不滑手機

全家老小訂定合理的使用時間與禁用時間，沒人有特權，在固定時間，全數繳械入庫保管。大管理小，小提醒大，全家一起「練自律」。父母以身作則，孩子心服口服，紀律，才能在日復一日的身體力行中強固樹立。

我用私訊送給孩子一句話：君子役物，小人役於物。我想，這不單是送給孩子，而是送給正引導孩子能成為「3C世界好主人」的關鍵人物——我自己。

除了帶著孩子從內心自我覺察，一起鍛鍊「自律肌肉」，為了讓全家人有志一同，我們還需要一些「鍛鍊自律」的「健身工具」，於是加裝電信公司的時間管理軟體，每天 **Wi-Fi** 限時限量供應，透過好工具，全家大小達標更容易。

33

要當學霸，非得四「電」皆空？

總有一天，孩子們都會使用手機和網路，
若沒機會練習自我控制，難道能盯著他們一輩子嗎？

一名考生會考拿下滿級分，他受訪時表示，「家裡不開電視，沒有網路，也沒有手機，在家的時間都用來閱讀，十一點前入睡」，這則新聞引起正反兩方論戰。

我贊成這個孩子家的做法嗎？我的回答是，如果植物的生長不能沒有陽光、空氣和水，那麼網路原生代的孩子，實難脫離3C而活。

網路原生代聰明玩科技

我問孩子的同學，為什麼背書要拿手機？他說，他喜歡把要背的課文錄下來，然後反覆聆聽，就能毫不費力地熟背；他也會把重要的筆記拍下來，可以隨時查看研讀。

暑假時，我家喜愛生態的小子千交代萬交代，絕不能幫他過度安排，因為他要在網路上修習青蛙研究課程，網路會隨時儲存他個人的研修進度，完成後若通過網路檢測，就升格為正式的保育志工。

週末時，孩子的一群麻吉在中庭聚集，他們時而嚴肅、時而談笑風生，其中有人拿著手機不停拍攝。我好奇詢問才得知，他們正在做報告，因為老師說形式不拘，所以他們決定拍攝影片，用戲劇的方式來表達這個主題：「拒絕陌生人搭訕的九種方法」。

段考前，高中的孩子老愛跟我搶電腦，原因是老師早就把課程都做成影音、重點則整理成圖文並茂的簡報檔，上網就可以原音重現，多感官輸入，想聽幾遍就聽幾遍，簡直就是專屬私人家教。

二小子也來跟我搶電腦，因為在繁忙的應考生涯中，他怎麼就是壓抑不住腦海裡生出的一個奇幻驚悚故事，於是才走出考場，就迫不及待地伏在電腦前如火如荼地做鍵盤運動。最有意思的是，因為偶然接觸到電腦繪圖，覺得太好玩了，於是上網自學電繪技術，甚至一存到錢就網購了一個電腦繪圖板，一點一滴摸索。如今，不論社團成果發表或是分組活動，他都用自學的電繪技巧幫團體報告加了很多分。

當我懷疑孩子們濫用網路時，網路原生代的他們卻比我更具智能，敏銳地善用科技，聰慧地開發豐富的工具性功能。或許起頭只是「玩科技」，卻因而能深入科技、善用科技，甚至創造科技。

如果我為了打造一個能專注讀書的無干擾環境，也嚴禁孩子碰觸四大「電」王——電腦、電視、電話（手機）、電冰箱，那麼以上運用科技的自主學習歷程，有可能發生嗎？孩子有可能領會到新科技帶來的美妙變革嗎？還是，跟從大人的禁令，孩子也將科技打成單一的妖魔面貌？

現代科技進展神速，不到五年就締造一個新的里程碑，如谷歌工程總監雷．庫茲威爾（Ray Kurzweil）所說，科技，從「線性」的發展變成了「指數型」的爆炸性成長：「二十一世紀將等於兩萬年的發展。」科技，是目標，也是手段，我們別無選擇，必須用「科技」來緊緊追趕「科技」。如今，已無任何學習環境能把科技摒除在外。

所以，我反對給孩子四「電」皆「空」的學習環境。

脫離3C就能心無旁騖？

我的身邊不乏如學霸之父母，對於3C網路等科技，欲除之而後快。他們說：「讀書，就是要拿出破釜沉舟的決心，唯有心無旁騖，才能把書讀好。」

我問孩子的看法，沒想到他們反問我：「那你覺得拿掉手機、關掉網路，就一定能專心讀書嗎？馬麻，我告訴你，我同學不想讀書的，就是不會去讀，即使身邊只剩下課本和參考書，一樣提不起勁。問題不見得是手機和網路啊！」

我進一步問：「但真正有讀書動力的同學，如果他們身邊總是有手機網路，難道不會受到干擾嗎？」

孩子又反問我：「總有一天我們都會使用手機和網路，若我們沒機會練習自我控制，難道爸媽能盯我們一輩子嗎？」

「孩子懂得自我控制」正是所有爸媽的疑惑，正因為連大人自己都做不好，所以絕難相信孩子；而根據大腦的發展，掌控自制力的前額葉，要到二十多歲才「施工」完成，可見青少年難以自我控管，父母的擔心未必是過度干涉。

該不該監督孩子使用網路與手機？我再延伸前面的比喻：如果大自然必須透過黑夜／白天、日曬／陰雨來調節植物所受的陽光、空氣和水分，那麼孩子也會需要一定的規則來調節他們合宜的使用3C與網路。

植物有自我調節的能力，孩子也必須發展出自我的覺察力，釐清自己的讀書習慣，知道什麼狀況能專心，什麼狀況不能專心。每個人所需要的讀書環境都不相同，只有適合或不適合，沒有對與錯。

比如有些人必須聽一點背景音樂，才覺得讀書不孤單；有些人不能有半點聲響；有些人每讀一陣書，就要流放到網路裡放鬆一下；有些人則稍有不慎就流連忘返。

該如何限制3C與網路，沒有一定的標準，就如同每一種植物需要的生長條件都有所不同。但是對於自制力較弱的孩子，當然就需要「適時」與「定時」營造一個心無旁騖的學習環境。《一本搞定K書、考試、時間管理的學習聖經》（*How to Study*）一書裡提到，不只電視、手機、電腦，甚至連光線、桌椅大小，都有可能成為亂源，「在必須高度專心時，隔離所有讓自己分心的東西」是必要之惡。

不過請注意，前提是「孩子」本身要能夠「自覺」，而不是由「父母代為感覺」。任何規範，若是基於「孩子」的「自覺」所產生，才能長治久安。爸媽請切記，請和孩子一起討論，讓他們「自己」清楚「為什麼」，才可能達成共識，訂定出雙方都能接受的遊戲規則。

34 手機比命還重要，你管得動？

對i世代而言，網路才是真實的世界；
手機則是他們的朋友群＋百科全書＋遊戲機＋電影院＋購物商店……

已有好幾起因手機被爸媽斷然沒收而引發親子決裂的震撼新聞。前一陣子，台北有一名才五年級的孩子因手機被媽媽沒收而跳樓身亡；中國遼寧省一位父親盛怒之下把孩子的手機從窗口丟出去，沒想到孩子為了搶救手機也一躍而下，當場氣絕，父親抱著軀體痛哭失聲，但已回天乏術，引得路人不斷嘆息：這孩子真傻啊，真傻啊……

為什麼孩子把手機看得比自己的命還重？

在一九九五年到二〇一二年之間出生的孩子，從小是由「智慧型手機」陪伴長大的，被稱做「i世代」。他們在手機上遊戲，在網路裡跟朋友哈拉、找同溫層取暖、拚網路人氣；他們看影片找樂子，用手機聽音樂；在網路上追隨網紅，他們也習慣用手機搜尋資訊與自主學習，更在網路上大膽秀自己。他們不知道沒有網路之前的世界長什麼樣子，對i世代而言，網路才是真實的世界；而手機，則是他們的：

朋友群＋寵物＋百科全書＋遊戲機＋收音機＋電視機＋電影院＋購物商店＋？？？？？

「馬斯洛需求層次」顯示，人類第一層的需求是生存，也就是需要空氣、食水和住屋，但這個層次顯然讓i世代欲求不滿，在這之前，他們還有兩大迫切需求，那就是Wi-Fi和電池。

當我們塞給i世代一支手機，把他們的全世界餵飽餵滿之後，有一天，又斷然將手機剝奪，不就等於親手把他們的整個世界毀滅？這也難怪，對i世代來說：

失去一支手機＝失去了全世界＝失去存活的意義＝乾脆去死

對手機又愛又恨，i世代更憂鬱

然而，i世代擁有一支手機，從此就過著快樂幸福的日子嗎？錯！

公益組織 Common Sense 調查全美十三至十七歲的青少年發現，他們對手機是又愛又恨。

有七成的青少年感覺自己受到科技業者的操控，而且，竟然有四成青少年渴望回到沒有社群媒體的單純生活。他們坦承，社群媒體使他們無法專心做功課，也沒有辦法好好睡覺。

智慧型手機雖然讓生活更方便、更豐富、更有趣，但他們卻沒有更快樂。全世界青少年不分種族、不分貧富，愈來愈憂鬱。

《大西洋月刊》一篇調查報告指出，二〇〇七年以來，青少年的凶殺案件已經下降，但弔詭的是，自殺率卻上升。根據二〇一一年的調查，十四歲青少年的「自殺率」二十四年來第一次高於「殺人率」。

大學生愈常查看Facebook，就愈感到不快樂；每天上社群網站，而不是經常與朋友見面的青少年更覺得孤獨；八年級的社群媒體重度使用者，罹患憂鬱症大增了二七％，而經常運動、參與宗教活動、花時間做作業的青少年，憂鬱症比率比較低。

使用社群不是可以讓自己更有社會連結感嗎？為什麼反而不快樂？因為青少年正尋求自我認同，渴望被同儕接納，所以特別在意別人是否關注自己。如果看到其他人的活動獨缺自己，或者別人比自己受歡迎，玻璃心很容易碎滿地。

智慧型手機也大大影響睡眠時間與品質。二〇一五年調查青少年睡不到七小時的人，比起一九九一年竟然多出五七％。這也難怪，智慧型手機的創造者賈伯斯都限制孩子使用手機。

不同年級需求不同，手機管理也不同

在給孩子手機的同時，親子雙方應該坐下來，好好討論、約定使用規則，讓孩子暢所欲言表明自己的需求，爸媽也要坦誠訴說自己的擔憂。否則，如果孩子已習慣以手機為伴，最可怕的管制做法就是：突然沒收，或者重罰。

阿德勒學派的心理治療師狄克梅爾博士（Don Dinkmeyer）認為：「高頻率的處罰、隨便的沒收，會引起孩子憤怒和反抗，特別是由大人單方面自行決策處罰。」所有駭人聽聞的悲劇，如因手機跳樓、離家出走等，幾乎都是因為爸媽一氣之下斷然將手機沒收而鑄成。而約定的原則，應該依據中高年級、國中、高中孩子的心智成熟度，以及對自主權力的要求，而調整做法。

高年級以下

多半使用家裡的網路，爸媽可以根據孩子的需要做適當控管，最好的辦法，就是使用電信公司的網路時間控管系統（比如中華電信有「Hinet 健康上網」時間管理），只要設定好網路開放時間，爸媽也以身做則，全家自然能形成固定的生活作息。

國中階段

此時期的孩子非常重視同儕，因此手機成為重要的社交娛樂工具。但他們的自我意識非常高張，絕對不適合高壓與重罰，雙方一定要以「和平、友善、相互理解」的方式，一起討論使用規則，讓他們清楚手機怎麼影響他們的生活作息與學習，怎麼訂定規定才能幫助他們專心學又能放心玩。

把約定清楚寫下來，張貼在明顯的位置，約定的內容包含：每天使用的時間、該怎麼保護自己的個資、發文時的禁忌。

更重要的是，父母需要以「幫助孩子做好自我管控」為由，由親子雙方一起討論「違約時要付出的代價」。這可不是處罰，而是讓孩子藉由經歷「合理的後果」來強化自我約束的能力。

所謂合理的後果，是以孩子「自己」認可的方式來處置，比如使用時間超過十五分鐘以上，或是睡覺前未能把手機放置家中的公共領域，則第二天取消使用權利。

高中階段

此時孩子已逐漸接近公民的年紀，他們會更加認定自己是獨立的個體，更強烈要求親子間地位平等，因此，愈來愈無法接受國中時期「監督＋規定」的管理模式。

特別是如今的高中生有更多機會仰賴手機，比如說，仰賴班上的 LINE 群組做為聯絡管道，社團活動也需要頻繁的聯絡與討論。智慧型手機幾乎已成為大多數高中生的生活必需品。

從高中開始，手機逐漸集「學習＋社交＋娛樂」多功能於一機，因此，高中生需要更大的使用自由度與更純熟的自我管理能力，面對這個階段的孩子，不是不能管，而是慢慢地轉變為大範圍、大方向的管理。例如：

- 讀書時至少間隔三十至四十分鐘再檢視手機
- 睡覺前將手機交出
- 大考前一到兩週限制使用或縮短使用時間，並要求維持一定的學業表現
- 學測前半年縮減使用時間

其餘時間則交由高中的孩子練習自由管控。

孩子一旦有了智慧型手機，就像進入熱戀期，總是人機形影不離，每個一拿到手機的孩子幾乎都要花上一段必要的「時間成本」，經歷被手機牽絆、控制，甚至整個生活步調被打亂的過程，才大夢初醒要「自我調整」。

對聽不進忠告的孩子，就讓他自己去想清楚；若是想不清楚，就放手讓他們搞砸幾次吧！心理學家多琳．道金馬吉（Doreen Dodgen-Magee）說：「『自然後果』是最好的老師。」有些人就是需要機緣去琢磨出「與手機互利又不干擾的相處模式」。而一味的監控，可能更延後了孩子學會自我控管，就讓「苦果」逼使孩子自我覺悟，才能操練出「斷捨離」的真功夫。

35

青少年不閱讀？我們愛死動漫&輕小說

一個是青少年疾速發展出來的「新閱讀世界」，一個是學者自嗨的艱澀哲學堂奧，兩個極端閱讀世界，如何產生交集？

前兩三年，文化與教育界為「高中生人文經典閱讀會考」競賽開出了十本文哲書單，包括《烏托邦》、《夢的解析》、《第二性》多本晦澀深奧的書籍，書單公布後輿論紛紛，覺得書單有些過於超凡出世，連老師都不見得埋單。

我也忍不住問問家裡的青少年，答案非常勁爆。

「閱讀？除了教科書和手機，我們同學幾乎不看書的啊！」

「課外書？同學桌上一落落都是輕小說和漫畫，每天交換看、如火如荼地討論。」

青少年都讀什麼

這也難怪，寒暑假我想挑選幾本好書給孩子，一上網路書店，竟發現金榜上八、九成書封都如「多胞胎」一般大同小異：

不合真實比例的大眼少女、煥發不可思議的閃亮光芒、幾乎見底褲的迷你短裙、爆乳；披著散亂瀏海、深情凝視的長腿美男；幅幅如出一轍，以電腦繪圖軟體產出的俗麗炫亮色彩；如同一句句繞口令、怪得唸完仍不知所云的書名……

驚見排行榜上一字排開的輕小說與漫畫書，我突然覺得，我對青少年的閱讀世界完全不了解。

再回頭看看剛才所說的人文經典書單，我更自慚形穢。所以我能揣想，在唸完一樣是「怪得不知所云」的哲學書名後，青少年大約會覺得那是開給另一個平行世界或另一個世紀的高中生讀的吧！

一個是真實世界裡，正以大人意想不到的疾速發展出來的「新閱讀世界」，另一個則是高深莫測、眾學者自嗨成一格的艱澀哲學堂奧，凡夫俗子之我與我孩子之輩，往這邊看看、再往那邊看看，覺得兩端都好遙遠。這兩個極端的閱讀世界，怎麼可能產生交集呢？

若以開發市場的角度來看，要是真想打開中學生的閱讀視野，開書單的學者在研發「產品」（閱讀清單）時，恐怕還真得走入真實「市場」體會一下「消費者心態」。

我因而問孩子：「那你怎麼不看看同學喜歡的動漫呢？」

孩子回答：「看封面我就沒興趣。」

我：「那你怎麼知道好不好看呢？」

孩子：「一堆同學都是鐵粉，當然一定很好看。」

我：「那你要不要也看一下，研究一下到底迷人之處在哪？」

孩子：「如果我要看，也是因為要和同學找到共同的話題，打入同學的圈子，才會去看。」

是的，青少年的閱讀口味，幾乎不再靠師長形塑，而是受到同學與朋友影響。他們在乎朋友，所以，會因為想要和同學同一國，而去做同樣的事情、玩同樣的遊戲、讀同樣的書。

很多爸媽從孩子學步兒起就滿腔熱血帶他們共讀，到頭來發現，黃粱一夢，統統一場空，孩子選書的品味不僅不能延續，到了高年級以後反而大逆轉。

你告訴他們，這些書不是最好的選擇，他們振振有詞：「我們班前三名都看動漫喔！」

你建議他們，除了輕小說和漫畫，也許再多看一下別的吧。他們滿臉無奈：「每天壓力那麼大，哪有時間讀別的？漫畫輕小說才紓壓！」

你提點他們，要讓自己長進，得逼自己讀讀書單上的好書，孩子卻將你一軍，理直氣壯糾正你：「誰說動漫輕小說沒有建設性？」早就有人擷取精采的動漫畫面，把曾經感動他們、滿滿正向思維的字字句句，剪輯成動人肺腑的影片。

「不看*CLANNAD*，不會知道親情那麼偉大。」
「不看柯南，不會知道即使變小了，都深愛著對方。」
「不看『未聞花名』，不會知道友情的珍貴。」
「不看《加速世界》，不會知道再廢的人也有展翅的一天。」
「不看魯路修，不會知道哥哥可以為了妹妹與世為敵。」
「不看《天降之物》，不會知道再不正經的人，也有認真的一面。」……

跟青少年一起看動漫輕小說

當孩子連表達感動、敘事的模式，都不再只訴諸文字，而是直接剪一則影片「動」給我們看、襯一段對白與電子樂音「唱」給我們聽時，實在可以肯定孩子的閱讀世界早就與我們大不相同。

暢銷漫畫與輕小說動輒大賣數千萬本，這鼓舞了愈來愈多畫手投入創作，產出更新奇多樣的故事情節、用更精密的軟體讓畫風益發生動誘人，甚至衍生出許多周邊的新興產業：

動漫主題曲創作、偶像包裝、動漫角色扮演、同人誌活動、動漫書展、商品展……等，每一項都讓青少年產生共鳴、瘋狂群聚、加速感染，他們的「動漫閱讀立體世界」不僅自成一格，並且早已變成「超大格」，穩穩拿下主流市場，成為潛力無窮的「新文化工業」。這是大人完全陌生的閱讀經驗。

而近來因為作品大爆發，各種題材盡出、良莠不齊，不乏荒誕不經的故事編造，甚至穿插著爆乳、露露小底褲、曖昧動作等畫面；還有不少孩子偷渡到成人漫畫、言情漫畫、變態小說等，這讓大人陷入了一個整體錯覺：動漫輕小說「根本教壞小孩」。

於是大人就更賣力的端著老菜色搖旗吶喊、想讓青少年回頭是岸，但是一盤盤冷掉的菜怎麼擺盤就是很難賣啊。我們有沒有想過，乾脆自己也來親嘗幾口新菜色，看看到底好吃在哪裡，吃完之後有沒有一點養分？青少年為何要大排長龍？

主導閱讀、自成「小格」的學者，甚至身為爸媽、師長的我們，恐怕不能只抱持三不政策：不正視、不理解、不認同。要深入「二次元、視覺系」的青少年之內心世界，恐怕讀他們讀的書會是最快的方法，否則當他們超前到「多次元、多感官」的閱讀世界，我們又如何追趕？又如何對話？

36

當孩子跟你說「我想當網紅」

在自媒體時代，只要敢秀有特色，人人都可能出頭。但真的只需要坐在家裡開網路、說說話、搞搞笑，就能輕鬆撈錢？

i世代最想做的行業是什麼？全世界的孩子都有志一同、想當網紅！「SONY生命」曾經針對日本全國一百名國中男生做了調查，「當YouTuber」竟然是孩子將來職業的第三志願，把工程師、醫師、律師遠遠甩在後頭。

美國南加大教授塞德夫（Jeetendr Sehdev）二〇一五年時曾對青少年做過調查，發現最受歡迎的前五名都是網紅，如Smosh、Fine Bros、PewDiePie，比傳統歌手更具影響力。

而在台灣，二〇一八年兒福聯盟進行調查，近八成（七八．三%）的學生曾使用過直播（包含觀看），近一成（九．四%）兒少曾當過直播主；有四成（四十．三%）學生表示自己的同學有在開直播，顯示直播已成為孩子心中最夯的上網活動，不論坐車、吃飯、睡覺統統攤在大家面前，完全不介意把自己暴露在網友面前，宛如「楚門的世界」之主角。目前台灣人一年觀看YouTube的總時數已達八十一億年，再加上以中小學生為主要用戶的「抖音」迅速崛起，直播風潮來得又急又猛，已帶動台灣六七%的兒少想在未來當直播主。

到底直播主都是哪些人呢？台灣前三大直播App的熱門直播主之中，竟然有三分之二是嫩妹，十八歲以下的兒少占了兩成，最小的只有十一歲。兒福聯盟的調查更顯示，不少兒少直播主並沒有大人陪同、曾在自己私密的房間內開直播。最令人傻眼的是，當各路網友詢問他們的年齡、住址、就讀學校時，他們毫無保留，完全沒有警覺心。此外，直播互動性、即時性高，輕易地就和三教九流各類網友搭上線，令大人擔憂。

為什麼愛玩直播？我問問玩直播的孩子。

「無聊啊，跟朋友哈拉一下！」

「有人會回應啊！」

「讓自己竄紅！」

「交朋友啊！」

「可以賺錢！」

少子化的趨勢，多數孩子身邊都沒玩伴，於是自己要很會打發時間。再加上這個年紀特別需要找到自我價值感，「玩直播」門檻低、隨時可做、立即回饋，是「刷存在感」CP值超高方法。

直播主都能輕鬆撈錢？

看看當紅的直播主，比起以前大紅大紫的明星，不需要高大英挺、沉魚落雁，不需要超凡入聖、十八般武藝，更不需要走狗運被星探看上，只要敢秀有特色，在自媒體時代，人人都可能出頭。

再加上媒體對網紅高收入的渲染，沒有社會經驗的孩子就傻傻做起了白日夢。最轟動的例子莫過於美國一個七歲兒童 Ryan 靠著萌臉，在 YouTube 分享「玩具開箱影片」，每年就爽賺台幣約三億三千萬元。

台灣第一批網紅如蔡阿嘎、這群人 TGOP，大約從二〇〇七、二〇〇八年開始經營，一直到二〇一五年，達到一百萬訂戶；然後，陸續有好幾位 YouTuber 瞬間竄紅，如阿滴英文、谷阿莫、阿神、老皮、HowHow 等。

以一首「真的不想嘴」點閱次數超過台灣總人口數的聖結石，竟然只花兩百二十二天就吸引一百萬訂戶。二〇一七年網紅收入冠軍的谷阿莫，據說一年進帳新台幣一千四百一十三萬元，第二名這群人 TGOP 則有一千一百三十九萬元。這對青少年來說，根本是天文數字。網紅，實在令青少年眼紅。

網紅不需要朝九晚五，只要坐在家裡開網路、說說話、演演戲、搞搞笑，就能快速抓住觀眾的眼球，賺進大把鈔票，又能實現自己的夢想。這麼好康的工作，當然是青少年的首選。

但，直播主真的都能爽爽賺嗎？

深度解讀書籍的書說人「冏星人」曾經公開對媒體喊話，千萬不要把 YouTuber 吹捧成輕鬆搶錢的行業。她仔細分析了此行業的薄利與殘酷。前置作業加上錄影、剪輯，隨便做一支不加音效與特效的「廢片」都得花上五六個小時，如果要讀透一本書、抓重點、寫出精采文案，講解一本書所要投注的心力根本無法計算。然而努力了老半天，每一千人次的觀看數量，只能獲益美金一元，如果每個月想要賺取台幣三萬元，那麼至少要累積一百萬次的觀看數量。

一百萬的點擊次數要怎麼做？YouTuber 必須每天產出一支影片，每支影片要有三三萬次點擊。以一個人的人力，一天要完成企劃、拍攝、剪輯、後製、混音等工作，推出一支有哏又有質感的影片，還要挪出時間與訂戶互動，絕對燒腦又爆肝。

更何況，還需要投資器材、道具、軟體，最後，還不能保證每支影片都能達到高流量。或許，有人會瞬間爆紅，但要持續被高度關注，直播主一定得打持久戰、消耗戰、體力戰、耐力戰。

青少年看到的都是站在金字塔頂端閃閃發光的極少數，絕大多數的直播主都淹沒在茫茫網海中，無姓又無名。德國奧芬堡應用科學大學教授貝爾特（Mathias Bärtl）指出，YouTuber 之中竟有九六．五％所得到的廣告收入，連美國的貧窮線都達不到。前一陣子，美國有一個 YouTuber 跑到 YouTube 總部開槍掃射，然後自殺身亡，就是因為不滿自己的頻道有三十萬次的觀看數量，但廣告收益卻只有台幣三元。

和青少年一起當鐵粉

有的直播主為了快速竄紅，持續抓住訂戶的眼球，無所不用其極。有一個直播主就上傳和國中女生喇舌的影片，引起一片譁然，原來，人緣不太好的女生，只是為了「想紅」。

前陣子有一個擁有百萬訂閱戶的 YouTuber 小玉跑到超商拍攝影片，他在裡頭買了三萬多元的商品，然後把商品攤了一地，躺在店裡鬼吼鬼叫。他這種撒野的行徑居然沒經過業者許可，因此業者要求將影片下架。小玉為了爭取點閱，曾在浴缸裡撒鈔票，拿棒子砸毀家具電器，引起諸多反感。

不論當直播主或是直播觀眾，青少年都有很多盲點，有些譁眾取寵的直播主到底餵了什麼料給觀眾，獨樂樂的青少年怎會讓爸媽知道；而未經深思熟慮就大膽直播的青少年到底突發奇想、抖了什麼料給觀眾看，我們也無法把關。

青少年很可能因崇拜網紅而認同他們、甚至模仿他們，但是這個時期，青少年的是非價值觀尚未穩固，看來，任由他們所喜愛的網紅陪著他們長大，非常危險。

面對天天都要膜拜一下網紅的少男少女，爸媽最好的辦法，當然不是禁止。在「愈壓制愈反彈」的「永遠的反對黨」年齡，就是陪伴、參與、傾聽他們的想法。如果網紅真的有哏有料有創意，別吝嗇在孩子面前肯定，這樣做最有智慧。好比以前，全家都是一起看電視，現在爸媽一起當鐵粉，不就最能掌握到孩子的網路世界？至於孩子斬釘截鐵誓當直播主，爸媽的真心話一定是「母湯」。日本做過調查，爸媽反對孩子從事的職業，第一名就是直播主。不過，你內心的「母湯」千萬「母湯」直接殺出來，你若是做「東廠」不斷監控，青少年會就轉成「地下工廠」，最後他們產出什麼爆炸性產品，完全無法預料。

網路上有太多命運坎坷的直播主，已經用影片來警示年輕人「這條路不好走」，就讓直播主給青少年震撼教育吧！爸媽任何的負面說詞都只會更「增強」他們的決心。這個年紀有個鐵律，那就是：愈阻止愈美麗，愈反對愈要壯烈。

如果把這條路的利弊得失資訊都攤給孩子看，孩子還不信邪，那麼，唱衰他不如祝福他，就放手讓他一搏。不過，配合著前面所說的網路時間約定，這部分爸媽還是要堅守立場與原則。

即使無法大紅大紫，孩子學著當直播主，絕非百害而無一益，孩子至少學會：

- **臉皮厚**：敢放膽自我表達，這是任何行業都需具備的硬本領
- **懂科技**：學會拍攝與剪輯，這是未來訊息傳遞的最普遍模式
- **有創意**：刺激出靈活古怪的思考模式，沒有創意無法促成突破性的發展
- **有分寸**：掌握戲謔與格調的平衡，這決定一個人能否走得長遠

第五部

爸媽沒招篇：

戀愛、霸凌、網路求生……

37

是青春期難纏，還是藍色病毒上身？

千萬別小看青少年的「多愁善感」，我們可能無法想像，他們不成熟的大腦是如何膨脹、放大普通的壓力，讓他們喘不過氣。

我的高中母校北一女有個傳統，畢業三十年都會舉行盛大的同學會，稱作「三十重聚」。兩年前輪到我們這一屆團聚，於是校友會緊鑼密鼓的籌辦活動，並在網路上四處蒐羅我們這一屆校友。這個難得的大團圓理當令人激動興奮，但我卻完全不想參與。事實上，有關高中的一切，我始終覺得猶如一塊人生中最難下嚥的生硬腐肉，只要冒出一點點回憶，我總是直覺掉轉迴避。

事實上，我是不忍回首看那一個孤獨憂愁至極而不知所措的灰暗影子。高中時，因為家裡的紛紛擾擾，以及我因著敏感的個性而對自我要求極為嚴苛，內心常常升起一股莫名的不安感與自卑感。於是，慢慢的，我愈來愈不喜歡也不習慣踏進任何人際圈圈，最終，乾脆把自我隔絕在人群之外。我總是一個人形單影隻的躲在角落，成了班上的邊緣分子。我非常痛恨自己在群體中所呈現的孤獨形象，更陷入一種扭曲的錯覺，認定同學一定都視我為怪咖。

這種在人群中格格不入、局促不安的感覺與日俱增，慢慢的，我每天上學都感到如千斤頂重壓般痛苦，但又無法不去上學，所以總是抑鬱憂悶，有時焦慮感超過我的負荷時，真的很想自我了斷。

時間來到了「三十重聚」幾天前，我突然醒悟了，既然高中是我成長過程中最不堪回首的一段苦悶歲月，我是不是更該鼓起勇氣好好面對、釐清當時卡關的心境？唯有把當時幾乎在自我否定中溺斃的自己拯救出來，人生才能明媚開朗啊！我這才驚覺，青少年時期的我，應該是一個染上「藍色病毒」（憂鬱症）的生病孩子。

所幸，我跟姊姊的感情很好，她們成為我依託訴苦的浮木，我最後沒做出傻事、走上絕路。然而，即使當時心中能稍減重壓，但我非常清楚，直到出了社會多年之後，因著大腦結構的完整、人生歷練的豐富，我才慢慢豁達，得以真正擺脫藍色病毒的纏擾。

看到這兒，你可能會問我，到底我是經歷了什麼了不得的挫折？想想，還真的是天下本無事，庸人自擾之，想不出什麼大不了的難關。你可能對我嗤之以鼻：「不就是做作少女，為賦新詞強說愁嗎？」

不穩定的大腦讓多愁善感膨脹成憂鬱症

青春期是一個大腦很危險的階段！以腦神經科學做為論述主軸的《青春期的腦內風暴》一書指出：青少年對抗壓力時的情緒反應比起成年人更加激烈。當一個人面對壓力時，我們之前曾提過的情緒腦「杏仁核」會首先產生反應，它會促使人體產生一連串身心反應，比如：心跳加快、血管擴充、肌肉僵硬……，這就是遠古時代人類準備「戰鬥」的警戒狀態。雖然現今人類已很少受到直接的生存威脅，但生理上早就深深烙印了這樣的反應機制。在青少年時期，杏仁核的活動最為活躍，這就造成了青少年面對壓力之時，反應比成人更加激烈極端。

再者，我們面對壓力時，會產生一種荷爾蒙——皮質醇，青少年的皮質醇比成人更容易產生，因此較易放大壓力、焦慮、憤怒或是擔心等情緒，甚至更容易感到孤獨。長期的壓力會導致長時期的分泌皮質醇，就會慢慢形成青春期的憂鬱症。

《青春期的腦內風暴》指出有實驗顯示，成年動物在面對壓力之後，十天就能恢復正常，但青春期動物卻需要三週才能恢復；青少年也比成人容易罹患「創傷後壓力症候群」，因此相同的創傷，青少年更容易出現恐懼、焦慮、哀傷、憤怒等情況。

所以，可千萬別小看青少年的「多愁善感」，我們可能無法想像他們不成熟的大腦，是如何把普通的壓力膨脹、放大，壓得他們喘不過氣。人生中最早、也最容易出現精神疾病的階段就是青春期，青少年的精神健康問題恐怕比氣喘還普遍，幾乎每五個人就有一個曾經經歷過精神狀態不穩定。在美國，十二至十六歲的青少年，二十%的女孩和十%的男孩曾經動過自殺的念頭，目前，除了車禍意外，「自殺」已成為美國青少年第二大死亡原因。

而男女孩的狀況又有所不同。女孩大腦中，情緒迴路的活動量比較多，因此對人際關係比男生敏感。她們非常在意同儕看待自己的眼光，因此，人際關係的不和諧或是被孤立，更容易讓她們產生焦慮。

回想自己在中學時代，心裡渴望獲得友誼，但又陷入錯誤的自我想像裡，總認為自己是怪咖一枚，不受歡迎，這種在團體中像是一只遊魂、沒有歸屬的落寞感，累積到最後，既無人察知，又無人開導，我的心就真的生病了。

青春期的孩子即使知道自己不快樂，大概也沒有能力覺察自己的不對勁。在情緒高低起伏不定的狂飆期，身旁的大人的確很不好過，一方面要能動心忍性，按捺住不斷被風暴小子挑戰的憤怒，另一方面，還得對他們的喜怒無常保持警覺，因為青少年的壞情緒很可能是憂鬱的前兆，再加上網路與3C，如今的青少年比起幾十年前更加沉默孤僻，要辨識出他們是否有憂鬱傾向，真是難上加難。而此階段又是同儕最缺乏同理心的時期，同學朋友也很難理解憂鬱孩子的苦痛，不僅不懂得伸出援手，反而很容易集體落井下石，讓傷害更重。

幫高敏感孩子鍛鍊認知抵抗力

怎麼分辨是青春期的強烈情緒反應或是憂鬱傾向？最簡單的方式，就是看孩子的壞情緒是短暫的還是持續性的。若是前一天跟爸媽頂撞嗆聲，過兩天又好吃好喝好睡、嘻嘻哈哈，那就是正常不過的青少年；但如果孩子時不時就陰鬱低落，穿插著暴躁易怒，也不願多談自己，那麼就是憂鬱的警訊了。

容易焦慮、敏感的個性，比較容易發展成憂鬱症，對於高敏感的孩子，在青春期特別要幫他們建立心理抵抗力、打好底，在面對高壓的時候，才不會輕易被壓垮。

提醒孩子聚焦成功經驗、看到正面的自己

敏感的孩子容易陷在負面情緒之中、鑽牛角尖，若是沒有人提醒，可能根本無法從扭曲的認知中走出來，於是就被自己的負面想法綁架，比如：「我就是很不受歡迎！」「有我在的地方就是冷空氣！」「我一定會不及格！」「我永遠是醜人多作怪！」「沒有第一名，我就是失敗！」這時候青少年的腦袋整個僵化在根深柢固的負面思考中，非常需要有人幫忙打開別扇光明之窗，提醒他曾經經歷過的鮮明、具體的正面經驗。

引導孩子轉移注意力，感受令人振奮的事物

青春期孩子的生活有很多面向，不只有學習和朋友，還有自己的興趣、娛樂、嗜好。而且，面對不同的事物會產生不同的感覺與情緒，在《教孩子跟情緒做朋友》這本書裡，我覺得有一個很棒的技巧——**覺知之輪**。

畫一個輪子，中心點是自己，然後在輪子周圍寫下每一個當下想到的事情、念頭。比如：

・因為今天考得超級爛，小蘭一群人笑我是班上的大敗類，我非常憤怒！
・等一會兒媽媽就會煮好義大利麵，太好吃了，我好期待好興奮！
・我養的小河豚鼓得圓呼呼的，看牠們自由自在，我覺得超級可愛！
・我弟弟說他同學覺得我很帥也很幽默，我覺得自己還算有優點吧！

敏感而自責的孩子很可能會陷在第一個念頭而不斷打擊自己，事實上，他的大腦還隱藏著更多值得他矚目的念頭與事物，只是一時之間全被第一個念頭霸占。所以，在「覺知之輪」上盡可能地寫下各種念頭、想法與可以關注的事物，然後很容易就能轉移自己的注意焦點了。這個方法相當有效，連爸媽都可以運用。

培養嗜好、興趣，隨時自我療癒

中學時期，我之所以能在低潮時不至於走向毀滅，我覺得有一個大功臣，那就是彈鋼琴。每週六，我都感覺無比的疲乏與厭倦，即使早就沒有學琴，我還是會打開琴蓋，極度忘我的瘋狂彈奏，彈以前喜愛的古典名曲、彈電影名曲、流行歌曲，當下就能把沉重的世界遠遠拋諸腦後，忘了全世界，全世界也忘了我，彈上兩三個小時也不厭倦，然後就呼呼大睡，醒來，整個人似乎又活了過來了。

我家小子們也都有自己非常熱中的興趣，成為他們沉重課業壓力之下最有效的紓壓管道。比如小兒子養了好幾種他喜愛的爬蟲類、兩棲類動物，每天，我都會看到溫馨又滑稽的一幕，那就是一個大個兒出於自然地用非常溫柔的娃娃音，一面餵食動物，一面和他的寶貝們說著動物根本聽不懂的人話。但是，我知道，這些動物，隨時都是他關閉壞情緒、爛事物，引出好心情的療癒劑。

面對問題、解決問題；解決能解決的，接受不能解決的

帶著孩子想想自己煩惱的事情有沒有辦法解決？用什麼方法？怎麼執行？能解決多少？比如：

- 孩子對自己的身材非常不滿意，那是不是可以擬訂運動與飲食計畫來減肥？
- 一直交不到朋友，那是什麼原因？試著找出來，然後一個個想辦法改善，是不是能找到真的能接納自己、頻率比較一致的朋友，而不是非要打入和自己不對盤的圈子。
- 擔心自己無法好好準備考試，是不是把月曆拿出來，好好擬定一個具體、細膩、可行的考前複習計畫？

引導孩子思考怎麼解決問題，然後開始採取行動，有了行動力的青少年，就會重新聚焦在可以改善的部分，脫離憂慮的迴圈。

如果思考之後發覺問題解決不了，或者能解決的有限，也可以帶孩子看看面臨同樣狀況的人是如何面對，特別是能安然度過難關的例子，這樣的例子多多益善，可以讓焦慮的青少年覺得自己並不孤單，也非特例，因而生出信心接受、面對結果。

青少年長期的焦慮與低落，很可能出現身心症，如果表現出持續的憤怒、哀傷、不耐煩，常常頭痛、胃痛、失眠、過度睡眠，蹺課、學業退步、無動機、暴飲暴食或是厭食，這些就是憂鬱的表徵，爸媽絕對要採取行動諮詢心理師或精神醫師。

如果孩子在言談之間談到自殺或是不想活等念頭，那絕對不能掉以輕心，千萬不要怕傷害孩子而避之不談，反而要開誠布公地和孩子聊聊他內心的想法，讓他表達他希望獲得什麼樣的幫助，要讓他感覺到爸媽會一直陪著他度過難關，而不是只要求他勇敢面對、自己振作。此時，最好交由專業的心理師介入協助。

青春期是精神不穩定甚至憂鬱症的好發時期，不過有個好消息是，青少年的復原力也相對很好，他們比大人容易調整想法，也比較願意接納幫助，所以適時的正確引導，更容易讓他們從憂鬱泥淖走出來喔！

38 不是要你邪惡，但你不能只當乖巧小羊

這個世界有小羊，就會有野狼，孩子從呵護周到的暖房，跳到處處荊棘的險惡世界，只帶著滿滿的愛和同理怎麼足夠？

幾年前，藝人楊又穎疑似因長期遭受網路霸凌、匿名的誹謗而自殺身亡。事件發生之後，我曾試著問咱家小子們，如果當事人是他們，會如何處理？

當時小四的小兒子直覺反應：「我會關閉所有相關的訊息、網站，完全不要看。」國一的小子說：「不小心看到的話，就把那些話當成是瘋子說的瘋話，根本不需要放在心上。」

當然，這些話說來容易，但做起來何其困難？一個表現優異、動見觀瞻的公眾人物，必會以「追蹤輿論與各方評價」做為自我精進的指標，何能做到眼不見為淨？但孩子的反應，卻讓我思考到，在這個網路言論失控的時代，一旦有人惡意操作、亂帶風向，毒辣的言論將如烽火亂衝亂炸；鄉民盲目渲染之殺傷力，勝過史上任一支強大的軍隊。

如果被攻擊的是我們的孩子，他們有能力抵抗嗎？楊又穎事件讓父母如我，看到

健壯孩子心靈素質的急迫需要。

這個世界的教養法則首先強調「愛的教育」，這絕對是千古不變的真理。心裡被澆灌分量足夠的愛，心底深處擁有溫暖穩固的連結，孩子才能信心滿滿立足於世界，並大膽探索世界。

但一個飽受關愛的乖乖小羊，不會永遠處在「處處有溫情、人人是好人、天天都能健康正常運作」的世界，一踏進群體，才驚覺「處處伏著牛鬼蛇神、人人都不知是真哭假笑」，善良小羊若只有乖巧善良，一旦遇見虎豹豺狼，恐怕被蹂躪到屍骨無存。

少年仔，你必須有消化「恨」的能力

我曾看到一篇在網路上流傳的文章，出自一位新手媽媽，內容描述她的妹妹，也就是小孩的阿姨，很疼愛這個可愛的小女孩，往往看見小女孩手上有糖有玩具，就會故意逗她說：「你的糖果好好吃喔，送給阿姨好不好」、「你的玩具好好玩喔，分給阿姨好不好？」

一些疼愛小女孩的長輩朋友也偏愛此道，惹得天真的小女孩一臉驚懼，一碰到這些叔叔阿姨就退避三舍。

這位母親大力痛斥了大人不諳幼兒心理的奇怪行為，認為這些特意討好的行為，不但不會讓孩子開心，反而傷害了幼兒稚嫩的心靈。

看完此篇文章，我贊同作者呼籲大人必須引以為戒，並應該學著去了解幼兒的心理特徵。

但同時我也感嘆著，未來，這個小女孩將要見識到的驚懼場面，將不知凡幾？那些要糖吃的叔叔阿姨可還是出於善意的小小誘騙，爸媽都不忍引導孩子正面應對，那將來怎麼面對社會上根本無從辨識與防備的險惡人心與惡意攻擊？

猶太人給孩子的第一堂社會課，相當殘酷而震撼。據說猶太爸爸會找一個時機讓孩子爬到高高的沙發上，然後要孩子放膽跳下來。孩子怕摔在地板上，怎麼都不敢跳，爸爸就會哄他說：「勇敢跳下來吧，別擔心，爸爸會接住你的，快跳！」

沒想到，當孩子奮力一躍時，爸爸竟鬆開雙手，讓孩子重重摔倒在地。摔疼的孩子忍不住痛罵：「爸爸，你為什麼騙我？你根本是故意要害我，為什麼你這麼壞？」

在孩子忿忿不平時，猶太爸爸就會鄭重的說：「孩子，在這個世界上，記著，你誰都不能信任。」猶太爸爸一開始就把世界上最美好的禮物——人與人之間的相互信任徹底打破，這樣教育孩子真的好嗎？

我雖不完全贊成，但絕對贊成一定要抓緊機會、甚至創造機會去教育孩子認清社會的殘酷現實：這世上本來就存在著善念與惡意、好人和壞人；孩子不能只感受世界的光明面而不知暗黑面的存在；孩子要能體會與接受到「愛」，但更要有透視與消化「恨」的本事。

別跟邪惡豺狼虛耗元氣

剛才的例子——想要討糖的叔叔阿姨，實在不是多糟的磨難，卻是很好的機會教育。把孩子帶到叔叔阿姨面前，讓叔叔阿姨好好跟小女孩解釋，只是因為覺得她可愛，所以想逗她開心而已。接下來，就引導孩子自己動動腦，下次該怎麼機伶地回應叔叔阿姨才能全身而退呢？別小看孩子，從小就引導他們自己思考，未來才能當一個靈活強韌的生存者。

這個世界有小羊，就會有野狼；家裡頭溫暖周到，但世界真實的樣貌卻非如此，孩子從一個呵護周到的暖房，跳到處處荊棘的險惡世界，只帶著滿滿的愛和同理怎麼足夠？勢必還得帶著更多的利器——強大的心理素質、熟悉自我保護之道、機伶的人際手腕，才能應付一路上層出不窮、形形色色的壞人。

當青少年的思辨能力愈來愈強，正是時機去學會判斷善人與惡人、辨識善意的建言與惡意的批鬥。假若無力扭轉惡勢力，起碼也要讓他們學會當機立斷，快狠準地抽身而去；教孩子帶著沉著與自信，不跳進對方惡意挖的坑，也就是不自我投射、不對號入座，要比對方更有定力、更加強大，才能走出惡鬥迴圈，用時間來證明是非對錯。

在楊又穎事件中，兒子們還表示：「如果真的太傷心、熬不下去，我應該會去找好朋友來幫忙。」

孩子的反應很直接，但也很真確。是的，在瀕臨崩潰之際，教孩子絕不要勢單力薄地孤軍奮戰，不然將因無助而走向毀滅。要引導孩子四處求援，灌輸孩子在這種艱難時刻一定要開口告訴家人、老師、找好朋友，凝聚一股具體強大的正義力量，來支持自己脆弱的心靈，才能走出陰霾。

當孩子進入青春期，人際關係愈來愈複雜，爸媽除了要不停歇地澆灌給孩子愛與良知，更要把握住一個個的小磨難、小狀況、小壞人來練就孩子的處世智慧。

《霸凌者》這本書中曾提到：不是每個孩子都天真，兒童少年的殘酷是真殘酷，比大人更無理性、更不節制，我們絕對無法為孩子阻擋所有的不公不義，但我們可以幫助青少年如同鍛鍊體魄一般，藉由一次次的人生真實經驗，去操練處理複雜暗黑人性的智慧與勇氣。

39

誰逼孩子變成雙面人？

害怕父母處分的孩子，會把心思放在如何規避父母責罰，他的聰明才智或許就不是拿來檢討如何讓自己更進步……

小子考了個五十八分，一回到家，嘴嘟得可以掛上好幾斤豬肉。我了解這小子，他很在意成績，所以上國中之後，不論考好考壞，進門第一個動作就是「報分數」。

考得好時，小子就自鳴得意：「馬麻，我這一科應該接近學霸了，全班第三高分喔……」；考不好時，小子就像洩了氣的皮球：「馬麻，數學實在爛透了，有準備還是沒有用，我完蛋了……」。對於得失心如此深重的孩子，我學會要小心翼翼地回應，因為稍有不慎，很容易就打擊到他一點一滴建立起來的信心，甚至折損了他願意努力的珍貴特質。

一次次，我試著轉移話題、奉上香濃奶茶與點心，但小子仍不改一進家門就老老實實報分數的習慣。而每一次孩子在報分數時，我也早已養成固定反應模式：捧出強大的心臟勇敢接受結果，然後不多言、不評論，不斷自我提醒淡定到底；如果真要開口，就要用正面的方式切入話題。

樂當青春少年的心情小站

談分數傷感情，當我開始厭煩孩子「日日報」的習慣時，我突然想到：如果有一天，小子一改過去，不再跟我報成績，我真的覺得好嗎？我這才細細思量小子回家報分數的動機與心情。隱藏在「報分數」這個行為背後，除了是他「得失心太重」的心結之外，事實上，我感受到了一個回到家「敢放心自在展現自己、做自己、不怕在爸媽面前丟臉，不擔心爸媽生氣責罵」的孩子。

考得好，滿面春風報分數，是因為他想跟親近的爸媽分享內心的喜悅；考不好，心情沉重沮喪，和信任的爸媽報上爛分數，沉重壓力也就一掃而空。無須顧慮爸媽無法承受，無須害怕爸媽的無情指責，無須躲避爸媽的憂心忡忡，這樣的孩子有什麼不好？

我不喜歡孩子得失心如此深重，但是我又真心感激，眼前個頭比我高的孩子，在我面前仍舊無須掩藏。這，不是讓教養變得更輕鬆、更簡單嗎？因為我不需要猜測、更不會猜疑。

孩子報出來的分數是一個可以評比的數字，但我更體察到一個無法量化、需要我細細體會的心境：孩子對父母全然的信任依靠與真摯無偽。這是何等珍貴啊！無論高分或低分，榮耀或慘烈，我是多麼榮幸，還能充當一個青春少年的「心情小站」。即使是當垃圾桶，也夠賞臉了。

對於孩子的考試成績該如何的適切反應，我並非天生敏銳有智慧而能一步就拿捏得宜。對於哥哥，我也曾犯過錯誤，正因為過去不當的回應模式，讓我有機會深自反省，我才理解一個很重要的道理：孩子不敢讓我們知道他考幾分，比起他考差考爛這件事，更嚴重、更棘手。

怕達不到父母期望、怕父母失望的孩子，在捧出爛分數之前，可比我們想像的更忐忑，於是，爸媽若不問分數，他們便絕口不提；爸媽問起分數，他們就支支吾吾、遮遮掩掩。

害怕父母嚴厲指責處分的孩子，會把心思放在如何規避父母責打，他的聰明才智或許就不是拿來檢討如何讓自己更進步，而是先動歪腦筋想想怎麼矇騙過關。不少中學媽媽和我訴苦，說孩子會用考卷不見、塗改分數、重新製作假成績單等來欺騙父母，原本只是成績不好的孩子品德也走樣，父母要擔心的就不只是學習上的問題，而是人格道德上的大缺失。

最難彌補的是親子之間互相信任的關係，我們對孩子將再難相信，孩子同樣也再難親近我們，凡事噤口不提，親子漸行漸遠，又何談教養？

每一次看到孩子的爛成績，我們的反應都決定孩子願意信賴、開放的程度。我謝謝孩子毫無防備的主動向我報上五十八分，因為這讓我知道，教養路上，不論關乎成績或品德，我都有機會看到孩子的問題與困難點，有機會去思考如何幫助他們突破難關，讓他們變得更好。

高壓逼出「雙面人」逆子

有句話說：「嚴官府，出厚賊」，和省話一哥、沉默一姐的青春期孩子溝通，爸媽都已經覺得如同隔靴搔癢，抓不到他們葫蘆裡賣什麼膏藥，如果爸媽因為求好心切，不論功課、才藝或是品德，還一味訂定難以達到的高標，專斷嚴厲，不容溝通，那麼青少年不是採取激烈的手段抗爭到底，就是乾脆暗地裡作怪。情節輕的，學會報喜不報憂；情節重的，便會陽奉陰違、撒謊行騙，把爸媽全蒙在鼓裡。

加拿大有一個華裔女孩珍妮佛．潘，她的爸媽原本是越南難民，移民到加拿大之後過著刻苦節儉但是物資還算豐裕的生活。他們全力栽培珍妮佛。她四歲開始學鋼琴、花式滑冰，從小獲獎無數，如果不是韌帶受傷，她原本還計劃要進軍二〇一〇年冬奧會。

珍妮佛的爸媽對她管教非常嚴格，不准她參加派對、不准交男朋友，特別是要維持高水準的成績。只是她上了中學後，成績竟然從A降到B。因為怕爸媽責罵，高中四年都假造成績單，最後連高中都沒有畢業，原本錄取她的大學也撤回了錄取通知。

珍妮佛繼續撒謊，每天去圖書館遊蕩、打一些零工，晚上再假裝放學回家。當然，最後還是東窗事發，她的爸媽怒不可遏，於是更加嚴格的管控她，逼她和男友斷絕、追蹤她的行程。她曾留言說：「住在家裡就像被軟禁。」

沒想到，珍妮佛和男友竟共謀殺害她的爸媽並肖想繼承遺產。她雇用了三個殺手，佯裝闖入她房間要綁架她，然後請殺手跟她爸媽勒索要錢，再殺害他們，縝密而冷血的犯罪手法令人不寒而慄。

原本優秀上進的資優生，為什麼變成凶殘無情的惡魔？珍妮佛的中學同學曾這樣評論過：「珍妮佛的謊言愈積愈多，只是因為她覺得無路可走。」到底誰逼迫了珍妮佛無路可走？

回溯她在學生時期，每晚要練習溜冰到十點，回家後還要念書到午夜才准上床睡覺。沉重的壓力已經讓她在自己的手腕上割出許多傷痕，但是她的爸媽無視於這一道道鮮明的控訴，反而繼續用高壓與責罰來步步進逼，讓永遠達不到爸媽期望的珍妮佛對自己既失望又充滿罪惡感，更感到無比的恐懼，最後轉成對爸媽無法消除的恨意。

讓孩子在家願意做自己

誰讓孩子變成心機深重的雙面人？不正是無法接受孩子真實樣貌、愛孩子本質的爸媽？誰讓孩子走進家門還要戴上面具而無法做真正的自己？不正是緊迫盯人、不允許孩子失敗的爸媽？

青春期的孩子或許不再願意緊緊靠近爸媽，但不代表他們回到家就會掩藏真實的自我；相反的，在外承受大大小小的壓力與委屈，如果爸媽能讓孩子信靠，孩子就會毫不矯飾的傾瀉心情；少男少女或許陰晴不定，但如果家夠溫暖，他們會在最脆弱的時候，把家當成最可倚靠的避風港。

每個晚上，我喜愛聽到浴室裡隨著水花四濺透出的隨意哼唱，粗啞的聲、高亢的聲，一個走進、一個走出，一個心滿意足，一個又恣意揚起。我在每一聲豪放與優游中確認到：不論大隻的、小隻的，在一成不變的生活節奏中、在走出又走進的單調路線中，他們一回到這間小窩，都能放心的歇憩，因而天天都重新被灌滿了能量，繼續拚鬥。

孩子不必偽裝自己，爸媽才可能看到孩子的全貌，好的、壞的、光明的、黑暗的，爸媽不僅可以真切抓準孩子的個性、潛能與特質，更可以在日常中，自然地發掘他們的問題與困難。如此一來，教養才使得上力，也才知道要在什麼地方使力，真正幫助孩子變得更好。

40 青少年真腦殘，玩命關頭也不怕

成人會深思熟慮，避開棒子，以免惹禍上身；
青少年偏偏相反，一看到甜頭，只顧拚命往前衝。

八年前，澳洲有一個十九歲青少年巴拉德（Sam Ballard），他在狂歡派對中被死黨慫恿，竟然當場抓了一隻蛞蝓並活吞下肚，沒想到立即暈倒送醫，之後長期昏迷了四百二十天，醒來後雖然恢復意識，卻癱瘓了，靠他媽媽日夜不休的在病榻旁照護。然而，他還是在二〇一八年因併發症而離世。

雖然發生此類無腦行為大多以青少男居多，但不表示青少女就不會做出令人傻眼的蠢事。這個年紀理性思考的前額葉功能不彰，人生經驗參考值也還建立得不夠，又喜歡和同儕攪和，一群人一起壯膽，血氣方剛的無腦之勇立刻壯大。

在南韓，近期也發生一起青少女集體闖出的大禍。一群國中女生下課後起鬨打賭，其中一人輸了，就按照約定鑽進自助洗衣機裡。她的同學毫不猶豫就用力把門關上，之後卻怎麼也打不開。最後出動了消防隊，才把女學生救了出來，這個女孩當時幾乎快窒息死亡。

引述《青春期的腦內風暴》一書中，西北大學芝加哥分校的法律學者史蒂芬·朱任教授就評論過：「青少年的行為和智能障礙者非常相似，最大的共同點是他們在認知能力上的不足。他們在其他能力上或許很強，但不代表他們有能力做出正確的判斷。」一看來，青少年的大腦還真的很另類。

除了前面篇章不斷提列的「前額葉還沒長好」之外，雪上加霜的是，青少年採取行動的觸發點，絕大部分不是為了避開危險、威脅，而是被立即的滿足感和獎勵感所迷惑，簡單來說，就是「搶到胡蘿蔔」比「躲開棒子」來得更有吸引力。成人會深思熟慮，避開棒子，以免惹禍上身；青少年偏偏相反，一看到甜頭，只顧拚命往前衝。

為什麼只要預期能帶來立即的快樂，青少年便會馬上行動？因為此時他們的大腦會釋放一種令人無法抗拒的快樂物質——多巴胺。所以青少年基本上都短視近利，即使是很微小的快樂與獎勵，只要能立即地被滿足，都勝過延遲到很久以後才能獲得的大成功、大滿足、大喜悅。這也是為什麼青少年比成人更很容易對網路、毒品、菸酒上癮的緣故，因為打開網路的簡訊或貼文、玩手遊，就像打開電子禮物一樣，歡愉感立馬上身，更別說是令人立即心蕩神馳的菸酒與毒品了。

青少年群聚，無腦荒唐程度破表

如果是一群青少年齊聚一堂，可能就不只無腦，更可能無心、無肝、無目屎。暢銷全球的男孩教養經典書《教出好兒子》指出，以青少年開車為例，只要後座增加一名乘客，駕駛的死亡風險就會增加四倍，因為駕車的青少年會一心想要秀自己很行，而且一夥人一起嬉鬧，難以專注開車。澳洲有一位父親羅勃．衛爾斯，他的兒子和另外三個男孩，就是在一場車禍中喪生，之後他就不斷說服州政府限制年輕駕駛不得搭載一個以上的乘客。

另一方面，青少年男孩從十一歲開始，荷爾蒙睪固酮就急遽上升，到了十四歲時，睪固酮的濃度飆升到學步兒時期的八倍，這使得青少年精力前所未有的充沛，並成為追求高度刺激、瘋狂冒險的危險生物。

不少青少年小說與電影必不可少的主題，就是青少年臭氣相投、集結成幫所做出的魯莽行徑。經典電影「站在我這邊」（*Stand By Me*）就是描寫四個青少年為了當英雄，結伴尋找鎮上失蹤小孩的屍體，以求快速成名的故事。一路上，四個少年沿著鐵路展開大冒險，在無有退路的狹窄鐵橋上，趴在鐵軌上，讓急駛的火車呼嘯輾過；在路況不明的荒野裡，深陷沼澤中；在危機四伏的森林裡，拿著手槍，輪流守夜。

「少年鱷魚幫」（*Vorstadtkrokodile*）這個故事也刻劃了男孩群體魯莽行為的模式，一群青少年以自創的「鱷魚幫」為榮，為了證明自己的價值，鋌而走險，在人跡罕至的破舊工廠打造他們專屬的祕密基地，並用惡作劇的方式挑戰霸權。他們的座右銘就是：「你就是當超級英雄的料！」

衝著這句話，一個個少年都如吃了熊心豹子膽，什麼荒唐事都做得出來，即使故事發展到最後真的讓「鱷魚幫」成為超級英雄，但也讓我們看到，青少年群聚在一起，滾滾不絕的「多巴胺」＋「腎上腺素」衝滿腦門，結果不是他們等著被毀滅，就是世界被他們毀滅。

苦口婆心比不過真實事件的震撼教育

青少年的理性大腦還沒完全長好，最安全的方式是，爸媽應該要充當他們的大腦。但矛盾的是，這完全與青少年的發展背道而馳，青少年不僅謝絕爸媽跨進他們的思想領地，甚至覺得應該要反過來敲碎爸媽僵化的舊腦袋才是正解。面對他們混亂又危險的腦袋瓜，爸媽採取主觀的干涉一點也沒用，倒不如用客觀的事件來給他們震撼教育。

一來這些光怪陸離的新聞事件很能吸引青少年的眼球，不勞大人硬灌，好奇心比任何時期都來得強大的青少年絕對會想主動關注；二來，這些具體發生的事實，因果關係明確，絕對能有效帶動思辨力強大的青少年自己去思考、分析。

前面所提的幾起令人瞠目結舌的新聞事件，我都曾搬出來跟小子們分享，平常我在老生常談時，正眼也不抬的小子們聽到這些駭人的新聞登時聚精會神，甚至還會進一步追問：「媽，你說的新聞寫在哪裡啊？有照片嗎？我要看！」

比如說剛才提到的那群慫恿別人活吞蛞蝓的青少年，小子們居然也嗤之以鼻，說：「這些屁孩根本腦殘吧！」聽到他們這樣評論，當下其實我心裡一陣默默竊笑：「你們這些平常不太使用大腦的人類居然也能說別人腦殘？」可見得，這些血淋淋的事件，確實能帶給青少年非常巨大的警惕效果，並有效啟動他們的鏡像神經元（讓人感同身受的神經元），為媽的我就抓緊機會和小子們進行一番熱血思辨，最後，快狠準地提點一下：「所以，做什麼事情，真的要三思而後言，三思而後行啊。」

目前吸毒人口年齡不斷下降，而且毒品也神不知鬼不覺的變裝成咖啡包、奶茶包、糖果、梅餅、泡麵、點心。青少年與同儕相處的時間愈來愈長，不受爸媽掌控的機會也愈來愈多，難保不會有一天他們也碰到誘惑，當然在平常就得建立分辨毒品、拒絕毒品的能力。

所以，只要在媒體上看到各種推陳出新的毒品包裝，我一定會不厭其煩的秀給小子們看，告訴他們毒品不再只是一包包白粉、一顆顆藥丸，而可能是非常可口誘人的即溶飲料或食品。只要是來路不明、沒有商標的食物飲料，絕對一口都不要碰。

青少年不會知道為什麼毒品一口都碰不得，不能理解為什麼嘗一次鮮，就會毀掉一輩子。對此，我們也要善用新聞事件，讓青少年目睹殘酷的現實：有人長期吸毒，三十歲便枯黃得像六十歲；有人膀胱急速萎縮，一整天都得包尿布；更有青少年毒癮一發作，六親不認，為了要錢買毒，殺爸爸刺媽媽。這些令人不勝噓唏的新聞事件，一件一件都要攤在青少年面前，一個具體而驚悚的新聞畫面，完勝千百句爸媽的苦口婆心。提醒一次絕對不夠，提醒一百次更不嫌多。

41 時候未到，你就是不准給我談戀愛？

青少年隨著身心蛻變，自自然然地就會情竇初開，
爸媽愈禁忌他愈覺美麗，你愈阻撓他愈覺壯烈！

八年級的小子說，身邊有幾個朋友都在交女朋友了，我問是玩真的嗎？小子說，當然啊！

「八年級談戀愛很正常啊，只不過他們爸媽的反應多半是『毋湯喔』，原因當然是談戀愛一定會影響課業，所以有一兩對已經分手，而且彼此還成為拒絕往來戶哩！」

談戀愛功課就會退步？

談戀愛會不會影響課業？爸媽師長都恨不得搬出一拖拉庫實例來給青少年震撼教育，但也確實有不少反例。

一天，一個熟悉的小帥哥牽著一個嬌小可愛的女孩迎面朝我走來，他們一瞥見我，立刻尷尬的把手甩開。這件事立即在鄰居街坊中傳開，但男孩的媽媽卻非常坦然：

「喔，我知道啊，我兒子交女朋友好一陣子了，兩小無猜，他們喜歡一起吃早餐，也一起讀書啊！」這對小情人一交往就整整三年，最後竟然都考進了前段的國立大學，成績斐然。

我問好友：「你從來不擔心兒子談戀愛會影響功課嗎？」

好友：「嘿嘿，正好相反。我家兒子的女朋友功課也不差，他怕輸給女朋友，所以比以前還用功。兩個人會互比成績，就不勞我插手管他了，女朋友的效果很驚人！」

爸媽是不是很想直接跳過這種振奮人心的反例呢？大部分的爸媽就是很難克服內心深沉的恐懼，所以口徑整齊劃一：「總而言之，言而總之，孩子啊，上大學以前，就是不要給我談戀愛。」

然而，青少年隨著身心蛻變，自自然然地就會情竇初開，這是老天爺一手安排好的人生軌跡。不要說爸媽無法插手掌控，就連青少年都搞不定自己澎湃的荷爾蒙。

當青少年愛上了，恐怕連神都擋不住，你愈禁忌他愈覺美麗，你愈阻撓他愈覺壯烈！青少年一談起戀愛就昏頭，連自己的生命都可以當賭注，犧牲親子關係又算得什麼？會不會有一天，當我們覺得時機成熟、想要和孩子聊聊情路如何走時，才驚覺他們早就傷痕累累不堪回首？

要知道，愛情的傷很痛，而且會痛很久，青少年未必有能力承受。這門功課絕不是等到有了大學可念再來修，也不是談了戀愛再來進修。畢竟，一個人十幾歲開始就可能會有愛慕的對象，但多半到了二、三十歲才會踏入婚姻，也就是說，大部分人在青春期都可能經歷暗戀、單戀、失戀等情感挫折。沒有裝備好的孩子，一談起戀愛可能真的會愛得「死」去「活」來；不是折磨自己，就是去折磨別人。

因此，和孩子談「情」說「愛」大可不必等到他們真正談戀愛，當孩子進入青春期，這便是一個有趣又重要的親子夯話題。青少年都喜歡窺探爸媽的情史，特別是關於我們戀愛的挫折，比如被甩、甩人、單戀、劈腿等，當青少年想當「狗仔」時，就是爸媽滲透情感教育的大好時機，時不時就讓他們想一想：

- 談戀愛要有什麼準備？
- 什麼樣的人適合自己？為什麼？
- 為什麼會被拋棄？被拋棄該怎麼辦？
- 遇到不喜歡的人該怎麼辦？遇到死纏爛打的人該怎麼對付？
- 該怎麼分手？怎麼療傷？

聊八卦、閒扯淡，早早就打底

讓孩子在談戀愛之前先打好底。名人情史提供了很多愛情教材，和孩子一起八卦吧，借「題」好好發揮，青少年才不會遇愛就腦衝，戀愛就發瘋。

• **自尊與自信並能尊重別人，才能談一場成熟的戀情**：沒有自信的人，一談起戀愛就疑神疑鬼、患得患失，生怕對方嫌棄他、拋棄他。只有知道自己有價值、有自尊自信的人，才不會一直想要控制對方的行動和社交自由，而會留給彼此適當的時間與空間；不會委曲求全，更不會以「物質金錢」甚或「性」做為鞏固關係的工具；懂得尊重別人，才能接受別人有拒絕的權利，即使已經展現自己的優點與誠意而被對方拒絕，也才能平心接受，不會變成「恐怖情人」。

• **清楚界定友情與愛情，不放任不健康的曖昧關係**：對於不適合的追求者或曖昧關係，灌輸孩子必須在平常相處時就放出清楚的訊息，明明白白地讓對方清楚自己的期望、條件，都與對方不同；在言談舉止間拿捏好分寸，不要留給人遐想的空間或是一丁點可以嘗試的可能；要溫和而堅定地拒絕超過友情的約會邀請，果斷拒絕任何可能造成誤會的協助。

• **不為愛犧牲所有，也不接受別人犧牲所有的付出**：台大、建中畢業的張彥文情殺女友事件，有一個重要原因就是張彥文出錢出力為女友付出一切，最後卻是真心換絕情，這引發了他決絕的報復行動。

用真實的新聞事件讓孩子體會，即使是心儀又適合的對象，也應該為自己與對方保留空間，千萬不可為了留住對方的心而犧牲過多的時間、付出巨額的財力、耽誤了自己的學業與工作，否則到頭來可能會因為心裡不平衡而要求對方加倍回報，甚至有強烈的占有欲，讓愛情變得非常沉重。

- **讓孩子認識真正的愛情**：愛情有親密、有激情，更有承諾。「親密」是相互依靠、彼此親近的感覺，能彼此深度互動、相知相惜；「激情」是彼此強烈的性吸引力、產生如痴如醉的浪漫之感而想要結合的強烈欲望；「承諾」是想要維持長期的關係而願意犧牲、奉獻與負責。荷爾蒙飆漲的青春期孩子看待愛情，只有令人興奮的「激情」，而不懂「承諾」為何物。但只有「激情」，將淪於一時的迷戀，而無法維持長久的關係。爸媽不妨現身說法，讓孩子明白一段關係要禁得起考驗，「親密」與「承諾」扮演著更重要的角色。

- **每個人都得懂得「健康分手」**：戀愛通常不會一次就成功，分手的一方需要懂得使用圓熟的技巧，比如在適當時機、在公眾場合談分手，以尊敬對方的口吻但堅定地表達立場，絕不留下不明不白的曖昧關係；被分手的一方需要能正向的思考，練習不斷的自我肯定，同時要給自己一段時間做心理調適。如果觀念稍有偏差，則可能走上毀滅式的分手，比如有些人自己得不到，也絕不讓別人得到，所以就去傷害對方；有些人不敢傷害對方，所以選擇傷害自己；有些被分手的一方則是一蹶不振，放任自己墮落。

我們可以早一點讓孩子了解，從青澀歲月到踏入婚姻至少有好幾年，因此，每個人都有可能經歷分手的痛苦。要把「分手」看做是成長的重要養分，因為從中能讓人更認識自己的個性與需要，認清自己的條件、優勢與缺乏，接受不能改變的，提升自己能改變的，學習更圓熟的相處技巧，在一下段愛情造訪時，才能準備好自己，締造一段長久美好的關係。

42

愈憤怒的男孩愈脆弱，愈需要愛

男孩的情緒語彙非常局限，表面平靜無波，內心卻可能怒潮洶湧。沒被處理掉的負面情緒，不會憑空消失，反而如雪球般愈滾愈大……

每鬧出一樁男孩自殺或是凶殘殺人的新聞，我的心就一驚。那一則則新聞逼著我叩問自己：「你這三個男孩的媽啊，你可要注意了，大男孩一旦憤怒起來，可不只傷害自己而已，要命的是，他們會去傷害別人，你可要教好男孩啊……」問題是，天不怕地不怕的皮蛋小男孩不甚好教，但天不應地也不理的青春風暴少年郎，更是難教。事實上，青春少年郎根本不讓你教，他們懶得理你。

安靜的男孩≠安定的男孩

從男孩變成少年郎的最大變化之一，便是從「嘰哩呱啦嘻嘻哈哈」變成「省話一哥」。他們最常回應的三個字是：「不知道」；他們回到家第一個動作是，閃進自己房間，關上房門；他們最常做的事情，就是一語不發不停上網。

少年郎早早出門、晚晚回家、關上房門、安靜、無語，一天過一天，無異狀；一天高壯似一天，正常長大。但某天，安靜男孩卻突然登上頭版，做出驚悚駭人的「大事」，出乎意外、超乎想像的「大傻事」。所有人想要追溯原因，但家人與父母的答案更令人摸不著頭緒：

「不知道啊，他就是個很安靜、很平凡、很一般的孩子……」

「不知道啊，他正常上學、下課，功課也還可以……」

我們這才恍然大悟：

- 安靜的男孩≠安定的男孩
- 課業5A的男孩≠身心都OK的男孩

男孩處理自己情緒的典型模式有：忽略感覺、拒絕表達、自我隔絕；而激進的方式則有：肢體發洩、破壞物品、攻擊別人。他們最不會選擇的方式，就是好好把來龍去脈訴說一遍，表達內心複雜的感覺。

這一方面是受到固有「男子氣概」與「強大雄性」概念所綑綁，男孩逐漸體認到社會對男性的主流期待：不輕易掉淚、不要示弱、不可脆弱。因此，當陷入低潮與困境時，男孩寧可選擇逃避自己的感覺，避談任何細節，或者躲到隔絕的空間裡，悶不吭聲，把自己抽離事件，逃開情境。

另一方面，男孩的情緒語彙非常局限，那看不到、摸不著的「心情」，就像是刁鑽考題一般令他們傷神，既然無從訴說起，那麼就沉默到底，封鎖到底。因此，表面平靜無波的男孩，內心卻可能怒潮洶湧，包藏著極度混亂不安寧的靈魂，他們奮力地壓抑著失落、挫折、焦慮與傷痕，苦無出路。但這些沒被處理掉的負面情緒，不會憑空消失，反而如雪球般愈滾愈大、愈積愈深，終有一天，翻攪成一顆威力驚人的憤怒巨蛋。

愈憤怒，愈孤獨；愈暴力，愈軟弱

《該隱的封印》一書指出，口語表達能力與偏差行為高度相關：「男孩不會用言語來表達感受，會有較高的犯罪與暴力風險。」既然傻傻說不清自己，男孩解決內心傷痛的方式，就是假裝傷痕不存在，假裝自己十分強大，訴諸使人戰慄的「暴力」，將怒氣發洩在弱者身上，就能襯托自己的強大，掩蓋內心的不安與傷痛。

根據統計，約有九五%的少年殺人犯都是男孩。有幾起男大生以凶殘手段傷害暗戀的女孩之後，竟說：「我要證明自己有殺人的能力。」轟動一時的台大高材生張彥文用慘無人道的暴力手段毀滅女友，證明自己有強大的本事可以宰制柔弱女孩的身體。

暴力所要掩蓋的是軟弱；憤怒滋長的根源是受傷的心靈。鄭捷沉溺於瘋狂殺人的快感，正因為內心軟弱至極，想結束自己卻下不了手，連繼續面對生活的一點勇氣都失去。但關鍵是，男孩什麼時候受了傷？什麼狀況心被撕碎？為什麼沒有人注意，甚至連自己也未曾留意？

當少年男孩日漸茁壯，又事事拒父母於千里之外，親子的交集便愈來愈少。不再被孩子高度依賴的父母很可能就將生命的重點從孩子移開，轉向自己。若無刻意經營，親子關係勢必漸行漸遠，成為兩條疏離的平行線。比起女孩，男孩不善於自我覺察，更不善於表達與溝通。

在青少年對父母之愛的依賴尚未成功轉移至同儕或情人身上，而又因對愛的渴求、受到蠢蠢欲動的性衝動的衝擊，青少年的心靈便如漂浮在茫茫大海的小舟，寂寞、無助而孤獨。

形單影隻的少年因而在網路裡闖蕩，既沒有公共的監控，也沒有良師益友的牽引，更無兄長同儕的陪伴砥礪。價值觀飄蕩不定的年輕靈魂，一個失意，一個閃神，一個偏差，再加上無從渲洩的憤怒，便可能撲向人性裡的脆弱與邪惡，做出無可挽回的傻事。

男孩更需要情緒教育

在少年豐沛愛戀之心漂泊無定的階段，其實，家庭、父母仍是其最穩定與最重要的愛的支持力量。但此時，父母的功課真的很難，難在不得其門而入，卻仍須做一名隱形的支持者、指引者，要不著痕跡地繼續補愛；在充滿暴力訊息與偏差價值的惡劣環境之下，更要想辦法軟化他們剛硬的心、繼續滲透正向與良善的價值觀念，讓人格發展不偏不倚。因此，青少年，特別男孩，更需要情緒教育。

讓男孩練習體察自己及別人的感覺與情緒

青少年階段，女孩的同理心與情緒表達力都已發展到一定程度，但是男孩的人際敏銳度發展得比較晚。典型男孩天生對體察別人、體貼別人的感受就是興趣缺缺，也多半沒有天分。直至青春期，這部分仍然像未開發的土地，所以不懂得察言觀色，更難體會別人的傷心憤怒。爸媽當然要製造機會讓他們多多往內在感受自己的情緒，向外體察人情、人際與人性。

- **直接問，或點出他們的情緒感受：**可以問他們：「你很生氣嗎？」「你很憤怒嗎？」「你很委屈嗎？」「你很傷心嗎？」
- **引導他們看到、感受到別人情緒變化的線索：**男孩對於人情世故、人際應對就是比較笨拙遲鈍，所以很難理解別人已經生氣、不滿意，甚至排斥、拒絕。一定要掌握各種互動對話的時機，以自己或其他當事者為例子，直接提點他：

「你看到我的臉都沒有任何表情了嗎？這就是代表不高興的表情，因為你這麼說（做），讓我感覺不舒服。」

「你聽到我說話已經很大聲了嗎？你應該看得出來，我已經非常生氣了，所以你覺得該怎麼辦？」

「你知道你姑姑為什麼一聲不響的就走了？你有沒有想過她怎麼了？想想你剛才說了什麼？」

「你看到爸爸已經站起來，甚至把拳頭都握起來了，這代表什麼意思？代表他氣到很想扁你了！」

「你看到妹妹今天都在自己房間裡不出來嗎？她可能考試考砸了，你等一會說話要留心一點。」

引導孩子不傷人、不傷物也不傷己的宣洩情緒

個性溫文內向的男孩有可能逃避自己的難過感覺，或是悶不吭聲地躲進自己隔絕的空間裡，極力從事件中抽離；個性激烈的男孩則會將怒氣發洩在看得見、摸得著的人或物品上，把人痛罵一頓、海扁一頓，亂砸東西，但就是不會找人好好地訴說心曲，因為就怕一啟齒，便會被冠上「很娘」的標籤。所以爸媽絕對要引導、允許男孩找到自己健康發洩情緒的方法：

- **允許甚至鼓勵男孩哭泣或生氣：**男孩被暗示成「男兒有淚不輕彈」，但男孩有情緒卻不會平空消失。告訴孩子：「你可以好好的大哭一頓！」，若是男孩不排斥

在家人面前哭泣，甚至可以好好的、大力的擁抱他們。當男孩止不住怒氣，爸媽一味要求他不准生氣，絕對沒有任何效果，倒不如告訴他：「我看得出來你非常生氣，你絕對可以生氣！」孩子聽了之後多半會覺得受到很大的同理，心裡便已舒坦很多，爸媽可以給他一些沒有傷害性的枕頭、軟被，讓他好好發洩。

- **讓孩子找好朋友紓解情緒**：這個時期的男孩很多事情不再想讓爸媽介入，鼓勵他去找好友聊天，或者打球、打電動都好。
- **轉移到自己的興趣與嗜好**：或許孩子的問題就出在人際關係之上，他可能孤立無援，但若他還有一兩項喜愛的興趣，比如音樂、歌唱、運動、畫畫、閱讀、寵物、蒐集等，就能及時而有效的轉移負面情緒。在升學壓力大、人際關係開始複雜化的青春期，千萬別怕孩子把時間適當的花在興趣與嗜好之上，因為當他們的壓力大到無可宣洩時，興趣與嗜好就是救星。

增強受挫力、練習解決問題

每一次被拒絕、受挫折，都能把男孩鍛鍊得更為成熟，不論是和女孩交往，或是面對競爭壓力，青春期絕對是鍛鍊受挫力的黃金期，因為此時大腦正在重整，更富有彈性，所以，不怕孩子受到挫折與挑戰，只怕爸媽家人不能經常陪伴、關注，隨時警覺與伸手支援。

只要用心但不用力的關注孩子，爸媽絕對可以找到機會陪孩子度過難關。讓他們了解每個人都可能被拒絕、遭遇失敗，爸媽適時說說自己曾經出糗、受傷、被拒絕的傷心往事，家裡的小硬漢很容易就卸下心防，這才有機會去認識真實的自己、接受自己的優點與弱點、確立自己的價值。接著，才可能健康、正向的面對問題、解決問題。

性格剛硬冷漠的男孩，平常就軟軟他的心

大男孩僵硬的肢體所洩漏的是內心的孤寂，他們仍舊非常需要肢體的暖度。睡前，燈光熄滅的那一刻，偶爾還是走向他，給他撓撓背，輕輕擁抱，跟他們說「讀書辛苦了！」「我看到你愈來愈懂事了，謝謝！」「爸爸媽媽愛你喔！」，讓男孩每天都能回歸到柔軟初始的溫暖內在。

清晨、或是生活寂寥無語的空隙，放一些輕柔舒緩的音樂來環繞血氣方剛的男孩。音樂，能代替千言萬語，能拆解剛硬，引出靈魂裡最柔和的能量。

重要的是，試著找到一個男孩願意說也願意聽的時機，或許是一起外出用餐、一起購物，或一起聊電玩、聊音樂。總之，找到一個男孩最能開放自己的時機，不著痕跡地繼續示範、引導、對話、交流，因為，「願意說、願意表達」，就是釋放壓力與情緒最簡單的模式。

43 讓「微排擠」不惡化成霸凌事件

很多霸凌事件一開始多半是兩三個人對一個人的「微排擠」，如果師長能搶在狀況惡化之前防微杜漸，就有機會杜絕霸凌的產生。

我曾經到一個高年級班級去當故事媽媽，在講述故事時，該班總有一個戴著眼鏡、綁著兩個油條辮的女孩不斷舉手發表，不論我講的是歷史故事、社會現象，或是情緒教育、生命故事，這個女孩總能滔滔不絕地發表她獨特的看法，或是提出相關知識來呼應我，讓我感到非常有共鳴。畢竟一個小學生見識能如此廣闊，舉一就能反三，又能侃侃而談，實在不可多得。

一開始兩三堂課，班上同學還會靜靜地聽她大發議論，學期快一半時，我發現每次只要她一開口，就有兩三個男生立刻用力鼓掌，故意用怪聲怪調對著她大叫：「喔，好棒棒，好棒棒喔！」後來，只要她講到一些大家不熟悉的典故、人名、理論時，一群男生更毫不留情立即打斷她，團結一致齊聲叫囂：「天才！天才！天才！」讓她根本無法講下去。

學期快結束時，連我都忍無可忍了。我利用下課時找了一個常常故意打斷她的男生小聊一番。

「她不是只有晨光課這麼愛現耶，國語、數學、自然……，連音樂課也一直站起來講個不停，超煩人的！全班都想嗆死她好不好！」

原來，這女孩是一個博學強記、反應敏捷的資優生，不僅在課堂上對答如流，而且成績更是嚇嚇叫，資優又績優的她在班上鶴立雞群，雖然各科老師多半感覺得天下英才而教之，但同學卻對她另眼相待。

「拜託，她連下課都要發表高論，煩不煩人啊？現在連女生都很討厭她了！」另一個女生湊過來附和。

惡霸集團起始於少數人的「微排擠」

我對這女孩的處境感到很同情，所以後來花了一點時間去了解她和同學的互動狀況。其實一開始，只有兩三個男生看她不順眼，總在課堂上故意給她喝倒采，其他同學聽他們的怪聲怪調就哄堂大笑，於是就愈來愈多人加入了「嘲弄大隊」。

「嘲弄大隊」在女孩背後惡毒的說她壞話；經過她身旁還會故意咒罵：「臭婊子」、「欠人幹」……等不堪入耳的話。這個集團愈滾愈大，最後在班上竟形成一股牢不可破的惡勢力，連原本和女孩毫無瓜葛的同學，最後都被逼得表態，一起加入排擠她的行列。

全班就這樣形成了一個陣容堅強的「霸凌集團」，少數人是發動者、一些人則是怕被邊緣化的依附者，更有些是事不關己的旁觀者。而這整個結構又搬上了網路戰場，在臉書及 LINE 上繼續以排擠、嘲弄這個女孩為樂，言詞更加肆無忌憚。在這個圈子的同學怕脫離主流群，都不敢亂轉風向。

事實上，這個學識豐富、善於表達的女孩心腸一點也不壞，只是不大懂得察言觀色，根本沒意識到應該適度的收斂，也沒察覺同學已進入高年級，心思變得敏感、人際互動也較複雜，會對言行特別突出的同學產生厭惡感。

如果那兩三個男生開始嗆她的時候，就能有同學或老師適時提點她，同時導正那幾個男孩用適當方式來表達不舒服的感覺，或許這事情也就僅止於幾個人的互動不良而已，絕不會走到霸凌的地步。

幫「討厭鬼」改頭換面，讓「善意聯盟」勢力崛起

事實上，很多霸凌事件一開始也像這起事件，多半只是「兩、三個人對一個人」的「微排擠」而已，如果能搶在狀況惡化之前防微杜漸，幫助被排擠的孩子找到自己問題的根源，協助他改頭換面，就能杜絕霸凌的產生。

同時，老師及家長若能合作，在一開始就先找到班上幾位同理心較強的「樁腳」，率先帶頭對「目標同學」釋出善意、伸出援手，形成一個具體的善意聯盟，就能壓過竄

起的惡勢力，讓排擠銷聲匿跡。另一方面，師長又能策略性的讓「目標同學」有機會展現討喜的新面貌，就能提高同學對「目標同學」的好感與接受度，這樣，班級善意與接納的氛圍就會逐日形成，「微排擠」就不會惡化為不可收拾的殘酷霸凌事件。

我記得我家小子班上有一個課業落後、家庭功能不彰的弱勢孩子，就在班上要竄起一股排擠他的惡勢力之時，他們的班導就洞燭機先，費心安排了幾位班上人緣特好又善解人意的同學來接近他，分組分在一起，下課也鼓勵這幾個同學和他一起聊天打球，結果這個孩子真的就倖免於被排擠的險境。又因為他的美術天分很高，一有機會老師就刻意當眾讚賞他，帶動了班上接納欣賞他的氛圍。一直到畢業後，我知道當初刻意安排和他接近的幾位同學仍和他保持很好的友誼，老師這麼做，不只是派出救火隊，而是帶給他生命中真正的天使。

事出必有因，孩子被排擠，最重要的是釐清被排擠的原因。爸媽可以私下問問和孩子熟識的同學或老師，他們覺得孩子怎麼樣？有什麼讓人不太能接受的行為嗎？太愛現？喜歡捉弄別人？喜歡告狀？太小氣？不愛乾淨身上有異味？東西雜亂影響整潔？功課不好被人譏笑？

比如孩子容易流汗而發出體臭、讓人禁不住想迴避，那麼爸媽可以用職場上，或是自己成長經驗中的真實案例，來引導孩子去體會別人的觀感；也需要教導孩子仔細的洗頭、洗澡。如果孩子能做到，就要把握機會肯定讚揚，讓他感受到自己的清新新形象是受到肯定、讓人喜歡的；容易汗臭的孩子，幫孩子多帶一兩套衣服替換。

唯有陪著孩子正本清源，孩子清楚看到自己的問題，找到方法改善自己，才能幫助他扭轉劣勢，脫離被人討厭的形象。

防堵潛在的排擠行動

會成為目標其實有跡可循，以下幾類孩子比較容易引人側目，潛在的欺凌者會因為看不順眼，或想要滿足控制欲，或想從他們身上壓榨財物而鎖定他們，老師以及爸媽一開始就該主動關注是否有潛在的排擠行動：

- **外貌特殊**：身材胖、矮小或長相特別
- **行為舉止怪異**：愛現、說話方式奇怪、不重衛生清潔、身上有異味、女性特質強烈的男孩
- **性格特點**：內向、害羞、孤僻
- **弱勢或高關懷家庭**：單親、隔代教養、低收入戶
- **特殊兒**：過動、自閉症、亞斯伯格症、情緒障礙等

剛才女孩的故事還有更曲折的發展：女孩覺得自己愈來愈被孤立，非常痛恨同學對

她殘酷的攻擊。當她想要扭轉情勢時，卻覺得全班已同仇敵愾、形成聯盟對抗她，她因為苦無對策而變得愈來愈沉默退縮。

這個女孩的媽媽發現不對勁之後積極介入，才挖掘出實情。氣憤難耐的媽媽竟衝去班上興師問罪，並且非常強勢的把排擠過女兒的男生一個個揪出來，逼他們當眾向女兒道歉。

女孩的媽媽自認給孩子討回了公道，以為排擠情勢應該就此落幕。沒想到，道歉事件發生之後，同學們雖然不再公然挑釁女孩，但是卻再也沒有人想接近她，背地裡憎惡她的同學反而更多。這女孩得到的結果不是重新獲得友誼，卻是更加的被孤立、更難展開友誼。

在這個案例中，很明顯的，最大的問題根結並沒有解決，也就是女孩根本不覺得自己有問題，所有問題都被她和她媽媽解讀為「同學因嫉妒她而排擠她」，千錯萬錯都是別人的錯。若是女孩從這個事件中沒有覺醒自己要學會察言觀色、適時藏鋒，那麼將來她在其他團體裡還是有苦頭可吃。

父母切忌在還未找到原因時，直接以暴制暴，或者以強權當眾羞辱排擠者，此做法雖然能讓孩子的委屈得到一時的平反，但是，日後更可能成為班上沒人理睬的尷尬邊緣分子。

教育教養 BEP045

家有青少年之父母生存手冊

看懂孩子省話、衝動、敏感背後的祕密

作者 — 彭菊仙

總編輯 — 吳佩穎
責任編輯 — 陳怡琳
美術設計 — 三人制創
封面繪圖 — Bianco Tsai

出版者 — 遠見天下文化出版股份有限公司
創辦人 — 高希均、王力行
遠見・天下文化 事業群榮譽董事長 — 高希均
遠見・天下文化 事業群董事長 — 王力行
天下文化社長 — 王力行
天下文化總經理 — 鄧瑋羚
國際事務開發部兼版權中心總監 — 潘欣
法律顧問 — 理律法律事務所陳長文律師
著作權顧問 — 魏啟翔律師
地址 — 台北市 104 松江路 93 巷 1 號 2 樓

讀者服務專線 — (02) 2662-0012 ｜傳真 — (02) 2662-0007；(02) 2662-0009
電子郵件信箱 — cwpc@cwgv.com.tw
直接郵撥帳號 — 1326703-6 號　遠見天下文化出版股份有限公司

內頁排版 — 張靜怡
製版廠 — 東豪印刷事業有限公司
印刷廠 — 祥峰印刷事業有限公司
裝訂廠 — 聿成裝訂股份有限公司
登記證 — 局版台業字第 2517 號
總經銷 — 大和書報圖書股份有限公司 電話／ (02) 8990-2588
出版日期 — 2019 年 1 月 30 日第一版第 1 次印行
2024 年 5 月 15 日第一版第 19 次印行

定價 — NT 330 元
ISBN — 978-986-479-625-0
書號 — BEP045
天下文化官網 — bookzone.cwgv.com.tw

國家圖書館出版品預行編目（CIP）資料

家有青少年之父母生存手冊：看懂孩子省話、衝動、敏感背後的祕密 / 彭菊仙著. -- 第一版. -- 臺北市：遠見天下文化, 2019.01
面；　公分. -- (教育教養 ; BEP045)
ISBN 978-986-479-625-0 (平裝)

1.親職教育 2.親子關係 3.青少年教育

528.2　　107023775

本書如有缺頁、破損、裝訂錯誤，請寄回本公司調換。
本書僅代表作者言論，不代表本社立場。

天下文化
BELIEVE IN READING